JN098143

Board Evaluation

取締役会評価のすべて

取締役会の実効性を
高めるための実務と課題

ボードルーム・レビュー・ジャパン株式会社　代表取締役
ジェイ・ユーラス・アイアール株式会社　取締役

高山与志子
Takayama Yoshiko

中央経済社

はしがき

　日本企業の取締役会は，2015年にコーポレートガバナンス・コードが策定されて以来大きく変わり，現在もその変化は進行中である。そのような中，同コードで実施を要請されている取締役会評価に対する関心も高まっている。当初は，評価の手法について手探り状態であった企業も，現在は3回目，4回目の評価を迎え，評価をどのように自社の取締役会の実効性の向上に生かし，そして経営の質をどのように高めていくのか，評価の活用に関心が移っている。

　筆者は，それまでの海外での経験に基づき，2014年から本格的に取締役会評価の支援を開始し，多数の日本企業の評価に携わってきた。本書では，これまでの筆者の経験に基づき，評価の実際とその活用について詳細な情報を提供する。取締役会評価に取り組む企業の取締役会構成員（議長をはじめとする取締役，および，監査役），それを支える取締役会事務局の方々が抱いている問題意識に応えることができるよう，本書では取締役評価に関して多岐にわたる分野の情報を網羅している。

　日本のコーポレートガバナンス・コードの特徴は，成長戦略と密接に結びついていることである。そのため，同コードで期待されている取締役会の在り方を考える際には，常に中長期的な企業の成長の観点が強く意識されており，そのような取締役会を検証する取締役会評価も，持続的な企業価値向上と結びつく形で実施されることが期待されている。本書においても，取締役会評価を，単なるコード対応ではなく，自社の長期的なゴールを達成するための重要なプロセスとして位置づけている。

　本書の各章は相互に関係しているが，各章独立して読むことも可能である。読者の関心に従って特に興味がある章を中心に読んでいただきたい。取締役会評価が日本でどのように導入されたかについては，「第1章　コーポレートガバナンス・コードと取締役会評価」，海外の状況については，「第2章　世界における取締役会評価の発展の経緯」が参考になるだろう。評価の実施状況や今

後予想される変化を知りたい読者は，「第3章　日本及び海外の取締役会評価の現状と今後」，評価の実務については，「第4章　取締役会評価の実務」をお読みいただきたい。評価の位置づけ・意義については，「第5章　取締役会評価と取締役会の実効性」，各社の取締役会の課題と取組みについては，「第6章　取締役会評価の事例から見る取締役会の課題と対応」「第7章　取締役会の運営・議論の状況」をご覧いただきたい。企業と投資家の対話について関心がある場合は，「第8章　投資家から見る取締役会評価とその課題」「第9章　コーポレートガバナンスをめぐる企業と投資家の対話」が参考になるだろう。また，評価の実施に関していろいろな疑問がある読者には，最後の章の「第10章　取締役会評価に関するQ&A」から読まれることをおすすめする。

　なお，取締役会評価については，日本のコーポレートガバナンス・コードでは，「取締役会全体としての実効性に関する分析・評価」と記載されている。一方で，欧米ではBoard Evaluationという言葉が一般的に使われている。本書では，それらの呼称を踏まえて，「取締役会評価」という言葉に統一する。また，第三者機関が関わる評価については，日本ではまだ定まった呼び方はないが，そのような評価が多く行われている欧米では「External Evaluation」「Third Party Evaluation」などの言葉が使われている。本書では，そのような評価を「第三者評価」と呼び，また，第三者評価に関わる機関を「第三者機関」と総称する。また，第三者機関が関与せず企業の中だけで行う評価は「自己評価」と表現する。

　本書が，企業価値向上に取り組んでいる取締役会構成員の方々，取締役会を支えるプラットフォームである取締役会事務局の方々，そして，企業の取締役会の実効性を理解したいと願う投資家の方々に，有益な情報を提供できるガイドブックとなることを願っている。

　2020年1月

著　者

目　　次

第1章

コーポレートガバナンス・コードと取締役会評価

　コーポレートガバナンス・コードを契機として，日本企業における取締役会の役割・機能についての見方が大きく変化しつつある。取締役会評価は同コードではじめて日本に導入され，現在多くの企業が評価を実施している。本章では，まずコーポレートガバナンス・コードの策定の過程と，そこでの議論の中心となる取締役会の役割・機能について説明し，その後に同コードにおける取締役会評価について解説する。

1.1 コーポレートガバナンス・コード策定の過程

　2014年に日本で有識者会議が開かれコーポレートガバナンス・コードの議論を開始した時には，既に同コードを策定している国は約70か国にのぼり，世界の主要国のほとんどが策定済みであった[1]。当時の日本は，米国のようなルール・ベースの国は別として，主要国ではほぼ唯一コードを有していない国であり，かなり遅れた時点から議論を開始することとなった。まず，日本において，どのような経緯をたどって2015年にコードが策定されたのか，その議論のプロセスについて概観する。

1　ニコラス・ベネシュ「他国にはどのようなコーポレートガバナンス・コードがあるのか」（BDTI & 一橋ICS共催セミナー『コーポレートガバナンス・コードについて，日本は他国から何を学べるか？ ～日本版スチュワードシップ・コードを背景に考えて～』）の講演より。

　2014年5月に，自由民主党日本経済再生本部の「日本再生ビジョン」におい
て，「ベストプラクティスの内容やOECD原則を踏まえたコーポレートガバナ
ンス・コードの基本的考え方をまとめコーポレートガバナンス・コードを来年
の株主総会のシーズンに間に合うように制定する」ことが提示された。それを
受けて，同年6月，日本政府「『日本再興戦略』改訂2014」が閣議決定された。
そこでは，「コーポレートガバナンス・コードを策定する。策定にあたっては，
東京証券取引所のコーポレートガバナンスに関する既存のルール・ガイダンス
等やOECDコーポレートガバナンス原則を踏まえ，我が国企業の実情等にも沿
い，国際的にも評価が得られるものとする。」と記載されている。グローバル
な主要国の間で共有されているコーポレートガバナンスの考え方を反映してい
るOECDのコーポレートガバナンス原則の重要性が，強調されている。

　その後，2014年8月から2015年3月にかけて，金融庁・東証共同事務局のも
とコーポレートガバナンス・コード策定に関する有識者会議が9回にわたって
開かれ，多くの議論がなされた。同会議では，上述の「『日本再興戦略』改訂
2014」の方針に従い，OECDのコーポレートガバナンス担当者マッツ・イサク
ソン氏を有識者会議のアドバイザーとし，OECDのコーポレートガバナンス原
則と各国のコーポレートガバナンス・コードをベースにして議論を進めるとい
うプロセスをとった。第2回目の会議において，同氏は，以下のように説明し
ている[2]。

　「（OECDの）この原則の特徴は，これが「成果志向型」（outcome-oriented)
であるということです。すなわち，持続的な成長，価値の創造や投資の促進と
いった望ましい目標を設定し，このような目標を達成するために採り得る方法
を特定しているということです。これは，各国がその経済的，法的，そして歴

2　金融庁・株式会社東京証券取引所，コーポレートガバナンス・コードの策定に関する有
識者会議，第2回議事録 2014年9月4日（https://www.fsa.go.jp/singi/corporategovernance/
gijiroku/20140904.html）。

史的な背景・状況に応じて，OECD原則を適用していくことができる余地があることを意味します。（途中略）　目標を達成するためのツールを見つけるのは，各国の規制当局，立法者，ビジネスのコミュニティーの方々ということです。ですから，逃げる余地がないという意味で，これは非常に強固な概念だと考えております。できませんでは済まされないということです。」

「（プレゼンテーション資料の）最後の章は，取締役会の責任に関するものであります。（途中略）OECD原則は，このような成果を得るためには，取締役会は客観的な独立の判断を下すことができなければならない，としています。すなわちこれは，社外取締役の導入を企業は検討しなければいけない，ということを求めているわけなのです。（途中略）　原則が結論づけているのは，客観的な独立の判断を下すことができる取締役会を通じて，目標を達成することができる，ということです。」

　以上のように，同氏は，各国の状況に配慮しながらも，コーポレートガバナンスの考え方の基本は共有されるべきこと，そして，企業は持続的な成長を目指すべきであり，そのために取締役会においては客観的で独立した判断を下す必要があること，そして社外取締役の導入は必須であることを強調している。そのような有識者会議での議論を経て，2018年3月に発表されたコードでは，その序文で，「『日本再興戦略』改訂2014において，コードの策定に当たっては『OECDコーポレートガバナンス原則』を踏まえるものとすると明記されたことを受けて，本有識者会議は同原則の内容に沿って議論を行ってきており，本コードの内容は同原則の趣旨を踏まえたものとなっている。」ことが明記された。

1.2 ｜ コーポレートガバナンス・コードと取締役会

日本のコーポレートガバナンス・コードの中で最も多くの紙数を占めている

のが，原則4の取締役会等の責務である。上記のOECDの原則にもあるように，コーポレートガバナンスにおいて取締役会が非常に重要な位置を占めることから考えて，このようなコードの構成は当然なことと言える。コードの原則4－3では，「取締役会は，独立した客観的な立場から，経営陣・取締役に対する実効性の高い監督を行うことを主要な役割・責務の一つとして捉える」ことと記載されている。日本企業に対して，取締役会の監督機能の強化とモニタリング・ボードへの転換を強く促した内容となっている。そして，同コードでは，その取締役会の実効性を評価する取締役会評価の概念が，日本で初めて提示された。

1.3 取締役会評価導入までの経緯とその後の状況

　コードの制定に関する議論の中で取締役会評価がどのような過程を経て導入されたのかについて，海外の状況との比較も踏まえて説明する。

①　コーポレートガバナンス・コード導入以前の状況

　欧米とアジアの主要企業において，取締役会評価の歴史は長く，現在では一般的なプラクティスとなっている。他方，日本では，2015年に制定されたコーポレートガバナンス・コードによって初めて取締役会評価が一般に知られることとなった。コード導入以前においても，数社の日本企業において，社外取締役に取締役会運営に関する感想や意見を求めるアンケートのようなものは実施されていたが，同コードに定められた取締役会のあるべき機能・役割に照らした取締役会の実効性評価を実施した企業は，皆無に等しかったと言ってよいだろう。

　ここで，筆者の個人的な体験を紹介する。筆者は，2010年より，取締役会評価を実施する側及び取締役会評価を支援する側の両方を海外で経験した。その過程で，取締役会の改革に真摯に取り組んでいる日本企業にとって，取締役会評価は極めて有益なプロセスであると強く感じた。そして，コードが策定され

る2年前の2013年以降，コーポレートガバナンスの先進企業と言われる日本企業に対し，取締役会評価の概要を紹介しその有効性について説明した。しかし，取締役会評価を全く経験していない企業にとってその意義を理解するのは難しい状況であった。

　今では笑い話であるが，ある指名委員会等設置会社の取締役会事務局は，「取締役会の実効性が向上して得をするのは（企業ではなく）投資家なので，投資家がお金を払って企業に取締役会評価をやってもらうというのなら理解できるが，企業が自ら時間と費用を費やして評価を行う意味はない。」と述べた。また，別の企業の事務局担当者は，「当社の取締役会は十分に機能しているため，それを評価する必要は全くない。」と述べていた。

　以上のような状況の背景には，コードの制定以前においては，一定の形式を整備していても，取締役会の実効性について徹底的に検証する必要性を感じていた日本企業は，それほど多くなかったことがあげられるかもしれない。その後，2014年に，TDK株式会社が日本で初めて本格的な取締役会評価を行ったが[3]，多くの日本企業が評価に取り組むのは，2015年のコードの制定以降のことである。

②　コーポレートガバナンス・コードの有識者会議における議論

　次に，取締役会評価に関する有識者会議の議論を見てみよう[4]。同会議は，2014年8月7日に第1回目が開催されてから，2015年3月5日まで計9回にわたって開催された。初めて取締役会評価について言及されたのが，2014年10月20日の第4回目の会議である。事務局が，提示した事務局資料をもとに，OECDのコーポレートガバナンス原則等で求められている海外のプラクティスとして取締役会評価について説明し，日本のコーポレートガバナンス・コード

3　「TDKの『取締役会評価』」『日本経済新聞』2015年6月9日，朝刊15頁。
4　有識者会議の議論の内容については，高山与志子「取締役会評価の現状と課題〜コーポレートガバナンス・コード施行後の2年間を振り返って〜」『Disclosure & IR』（宝印刷株式会社）2017年11月号，124〜132頁も参照のこと。

にも同評価を入れることを，以下のように促している[5]。

　「取締役会が取締役会自身の評価・分析を行う。これは，外国ではごく一般的に見られているプラクティスでございますが，ただ，その中身を私ども事務局で見ましたところ，いわゆるABCDEといったような「評定」をやっているわけではなくて，例えばこの１年を振り返ってきて，取締役会はこういうところでは非常に建設的な議論がいろいろあったけれども，こういう面の対応はちょっと弱かったとか，どちらかというと日本語に落とすと「分析」に近いようなものが外国で行われているように思いましたので，英語ではエバリュエーションとかアセスメントという言葉が使われておりますが，評価の後に「分析」という言葉をあえて足しております。それから，各取締役お一人お一人の自己評価についてどう考えるかということを記載しております。」

　このような事務局の説明に対して，同会議では，取締役会評価に関する質問・議論は全くなかった。そして，11月25日に開催された第5回目の会議では，「コーポレートガバナンス・コードの基本的な考え方に係るたたき台」としてコードの原案が提示され，そこには「原則4－11　取締役会・監査役会の実効性確保のための前提条件（途中略）取締役会は，取締役会全体としての実効性に関する分析・評価を行うことなどにより，その機能の向上を図るべきである。補充原則4－11③取締役会は，毎年，各取締役の自己評価なども参考にしつつ，取締役会全体の実効性について分析・評価を行い，その結果の概要を開示すべきである。」との文言が記載された[6]。

5　金融庁・株式会社東京証券取引所，コーポレートガバナンス・コードの策定に関する有識者会議，第4回，事務局説明資料『検討に当たっての視点（例）』2014年10月20日，9頁（http://www.fsa.go.jp/singi/corporategovernance/siryou/20141020/01.pdf）。
6　金融庁・株式会社東京証券取引所，コーポレートガバナンス・コードの策定に関する有識者会議，第5回，事務局説明資料『コーポレートガバナンス・コードの基本的な考え方に係るたたき台（序文を除く）』2014年11月25日，17～18頁（http://www.fsa.go.jp/singi/corporategovernance/siryou/20141125/01.pdf）。

　取締役会評価は，日本企業にとって未知の分野であったため，コード施行後，企業はしばらくの間対応に苦慮することになる。コードの各原則の中でも，後述するように数年間はエクスプレイン率が最も高い（実施率が最も低い）項目となった。しかしながら，有識者会議では，上述のように第 5 回会議でのコードの原案に取締役会評価の項目が入って以降も，評価に関する質問・反対・議論などは，企業関係者も含めて提示されなかった。

　その結果，11 月 25 日に提示された取締役会評価に関する項目が，そのままの文章でコードの最終案に記載されることとなった。有識者会議メンバーにとって，取締役会評価は新しい概念であるため同評価に対する具体的なイメージを抱きづらかったこと，その他の重要な事項（社外取締役の是非・人数，監査役の役割など）に議論の時間を費やす必要があったためだと考えられる。その結果，取締役会評価は，国外で一般的ではあるものの日本ではなじみのないコーポレートガバナンス上のプラクティスが，何の反対も受けずに日本にそのまま導入された数少ない例となった。

③　コーポレートガバナンス・コードにおける取締役会評価

　このような議論を経て，コーポレートガバナンス・コードでは，取締役会評価について以下のように定められた[7]。

> **原則 4 - 11　取締役会・監査役会の実効性確保のための前提条件**
> 　（途中略）取締役会は，取締役会全体としての実効性に関する分析・評価を行うことなどにより，その機能の向上を図るべきである。
> **補充原則**
> 4 - 11③
> 　取締役会は，毎年，各取締役の自己評価なども参考にしつつ，取締役会全体の実効性について分析・評価を行い，その結果の概要を開示すべきである。

　同コードでは，「取締役会の実効性について評価する」「その結果の概要を開

7　株式会社東京証券取引所『コーポレートガバナンス・コード』2015 年 6 月 1 日，20 頁（https://www.jpx.co.jp/news/1020/nlsgeu000000xbfx-att/code.pdf）。

示する」という，ごく一般的な説明しかなされていない。日本のコード策定時の2014年，英国のコーポレートガバナンス・コードにおいては，評価についてより詳細な記載があり[8]，加えて取締役会の実効性に関するガイダンスも提供され，評価の具体的な方法についても記されている[9]。また，開示については，日本のコードでは，上記にあるように結果の概要を記載するところまで求められているが，当時の英国のコードでは，開示について，「取締役会は，取締役会，委員会，そして取締役個人のパフォーマンス評価がどのように実施されたかについて，年次報告書で述べなくてはならない。」と記されており，その方法の開示にとどまっていた。2015年時点では，日本のコードのほうが，開示に対する要求度が高い内容となっていたのである[10]。

④　両コードのフォローアップ会議における
取締役会評価に関する議論

　2015年8月，コーポレートガバナンス・コード，および，スチュワードシップ・コードの普及・定着状況をフォローアップし必要な施策を議論・提言するため，金融庁・東京証券取引所においてスチュワードシップ・コード及びコーポレートガバナンス・コードのフォローアップ会議が開催された。同会議はそれ以降現在に至るまで継続的に開催されている。そこでは，コード制定以降の取締役会評価に対する急速な関心の高まりのもと，評価についても様々な議論がなされた。

8　Financial Reporting Council, *The UK Corporate Governance Code*, September 2014, p.14（https://www.frc.org.uk/getattachment/59a5171d-4163-4fb2-9e9d-daefcd7153b5/UK-Corporate-Governance-Code-2014.pdf）.

9　Financial Reporting Council, *Guidance on Board Effectiveness*, March 2011, pp.11-12（https://www.frc.org.uk/getattachment/11f9659a-686e-48f0-bd83-36adab5fe930/Guidance-on-board-effectiveness-2011.pdf）.

10　なお，2018年に改訂された英国のコードにおいて，英国でははじめて，評価の結果とそれに対するアクションの開示も求められることになった。

そのような議論を反映して2016年2月18日に発表された同会議の意見書における評価に関する記述は以下のとおりとなっている[11]。

４．取締役会の実効性の評価（原則４－11）

　取締役会の資質・多様性やその運営を充実させていくための取組みが有効に行われているかなど，取締役会全体としての実効性の評価を行い，次の取組みに継続的につなげていくことが重要である。

（１）本年５月末をもってコード適用開始から一年が経過することから，各上場会社において，取締役会の構成や運営状況等の実効性について，適切に評価を行うことが期待される。評価の実施に際しては，企業の置かれた状況に応じ，様々な取組みが考えられるが，取締役会メンバー一人一人による率直な評価がまずもって重要となると考えられる。

（取組みの例）

・各取締役に，各自の取締役会への貢献について自己評価を求めるとともに，取締役会がその役割・責務を十分に果たしているか，より実効性を高めるためにどのような課題があるかについても聴取する。
・指名委員会や独立社外取締役のみによる会合も活用するなど，独立社外取締役の主体的な関与を確保する。
・任意の委員会も含め，取締役会に設置された各委員会の運営状況等も評価の対象とする。
・英国における経験も踏まえ，評価の独立性・客観性をより高める観点から外部の眼も入れた評価を行う。また，評価機関との利益相反関係の有無を明らかにするため，その名称の公表を行う。

（２）取締役会の実効性を適確に評価するためには，会社の持続的な成長と中長期的な企業価値の向上に向けて，取締役会が果たすべき役割・責務を明

11　金融庁・株式会社東京証券取引所，スチュワードシップ・コード及びコーポレートガバナンス・コードのフォローアップ会議，『会社の持続的成長と中長期的な企業価値の向上に向けた取締役会のあり方　スチュワードシップ・コード及びコーポレートガバナンス・コードのフォローアップ会議意見書（2）』2016年２月18日，７-８頁（https://www.nichibenren.or.jp/library/ja/opinion/report/data/2012/opinion_120118.pdf）。

確化することがまずもって求められる。その上で，評価の実施にあたっては，こうした役割・責務に照らし，取締役会の構成・運営状況等が実効性あるものとなっているかについて，実質的な評価を行うことが必要である。

（3）取締役会が，その資質・多様性や運営を充実させていくためのPDCAサイクルを実現するに際しては，自らの取組みや実効性の評価の結果の概要について，ステークホルダーに分かりやすく情報開示・説明を行うことが重要である。

　同意見書では，第三者評価を薦めると共に，第三者機関の名称の公表について言及されている。同会議に対しては，機関投資家から，第三者機関を利用した場合には，第三者機関と企業との利益相反関係の有無を開示すべきであるという意見が寄せられており，それを反映した記載となっている。この背景には，エグゼクティブ・サーチ会社，報酬コンサルティング会社など，取締役会にサービスを提供している企業が，同じ取締役会の評価を支援した場合，その過程で利益相反が生じる可能性があるとの懸念がある。

　なお，英国コーポレートガバナンス・コードにおいても，後述するように，第三者の機関の名前は年次報告書において明らかにし，同機関が当該企業とそれ以外に関係があるかどうかについて記載することを求めており，それに従って英国企業では第三者の名前を開示している。

⑤ 改訂コーポレートガバナンス・コードにおける取締役会評価

　2018年3月，同会議のもとでコーポレートガバナンス・コードが改訂された。取締役会評価については引き続き議論の対象となっていたが，原則の内容に変更はなされなかった。ただし，コードの付属文書として同時に発表された「投資家と企業の対話ガイドライン」では，重点的に議論することを期待する事項として，「取締役会が求められる役割・責務を果たしているかなど，取締役会の実効性評価が適切に行われ，評価を通じて認識された課題を含め，その結果

が分かりやすく開示・説明されているか。」が記載されている[12]。

　コーポレートガバナンス・コードは3年に一度程度の頻度で改訂されること
が予想されているが，取締役会評価については今後どのように見直しがされる
かは現時点では不明である。日本企業の評価の実施状況，第三者評価の広がり
などを見ながら，今後の議論が進んでいくものと思われる。

12　金融庁（2018）『投資家と企業の対話ガイドライン』2018年6月1日，3頁（https://www.fsa.go.jp/news/30/singi/20180601/01.pdf）。

第2章

世界における取締役会評価の発展の経緯

　この章では，世界の主要国における取締役会評価の状況を概観する[1]。OECDは，2018年に取締役会評価に関する調査を行っており，欧米アジアやその他の地域の20か国（米国，英国，フランス，オランダ，ドイツ，イタリア，スペイン，スイス，オーストリア，ルクセンブルグ，ハンガリー，ポーランド，トルコ，イスラエル，日本，中国，シンガポール，インド，ブラジル，南アフリカ）における取締役会評価の実施の状況が示されている[2]。なお，この調査には日本政府も協力している。

　同調査によれば，上記の20か国のうち，コーポレートガバナンス・コードで取締役会評価が求められている国は，日本をはじめ，英国，フランス，オランダ，イタリア，スイス，ドイツ，オーストリア，ルクセンブルグ，ハンガリー，シンガポール，ブラジル，南アフリカの13か国となっている。また，法律や規制などにより取締役会評価が要求されている国は，米国，スペイン，インドの3か国となっている。調査対象国20国のうち16か国において，いずれかの形で

1　各国の評価の実施状況については，高山与志子「取締役会評価とコーポレートガバナンス～形式から実効性の時代へ」『商事法務』2014年9月15日号（No.2043），高山与志子他「座談会　取締役会評価によるガバナンスの実効性確保に向けて（上）」『商事法務』2014年11月25日号（No.2049），高山与志子他「座談会　取締役会評価によるガバナンスの実効性確保に向けて（下）」『商事法務』2014年12月5日号（No.2043），高山与志子他「取締役会評価の時代」北川哲雄編『スチュワードシップとコーポレートガバナンス』東洋経済新報社，2015年1月も参照のこと。
2　OECD, *Board Evaluation Overview of International Practices*, 2018 (http://www.oecd.org/daf/ca/Evaluating-Boards-of-Directors-2018.pdf).

取締役会評価を行うことが企業に要求されている。

　一方，評価がコードでも法律でも要求されていないのは，ポーランド，トルコ，イスラエル，中国の４か国のみである。このように，取締役会評価は，地域を問わず，世界の企業で広く実施されている。この章では，主要国の中で英国と米国の状況に焦点をあてて，その発展の経緯と現状について説明する。

2.1 ｜ 海外の主要国における取締役会評価の発展の経緯と現状

　世界の主要国において取締役会評価の必要性について議論されはじめたのは，今から30年近く前の1990年代初頭である。まず，1992年，英国のキャドベリー報告書[3]で取締役会のパフォーマンスを精査することが提唱された。そして，その２年後の1994年，米国の全米取締役協会により出された報告書で取締役会評価が奨励されている[4]。さらに，1995年，カナダのトロント証券取引所は，コーポレートガバナンスのガイドラインで，取締役会，委員会，取締役個人の実効性について定期的に評価することを求めている[5]。

　このように1990年代から徐々に取締役会評価が広まっていったが，2000年代に入って２つの危機が取締役会に対する大きな懸念を生じさせ[6]，取締役会評価の必要性が強く認識されるようになった。まず，米国における2001年のエンロン社破綻と2002年のワールドコム社破綻において，独立性の高い取締役が多数

---

3 The Committee on the Financial Aspects of Corporate Governance Chaired by Adrian Cadbury, *The Financial Aspects of Corporate Governance*, 1992.

4 National Association of Corporate Directors, The Blue Ribbon Commission Report on *Performance Evaluation of CEOs, Boards, and Directors, Washington*, 1994, p.24.

5 Toronto Stock Exchange, *Where Were the Directors? Guidelines for Improved Corporate Governance*, 1995, p.7.

6 Jaap Winter and Erik van de Loo, "Boards on Task towards a Comprehensive Understanding of Board Performance," *DSF Policy Paper*, No.31, November 2012, p.3 (http://www.dsf.nl/assets/cms/File/Research/DSF%20Policy%20Paper%20No%2031%20Boards%20on%20Task%20-%20Towards%20a%20Comprehensive%20Understanding%20of%20Board%20Performance(1).pdf).

就任していたにもかからわず取締役会が適切に機能しなかったことが明らかとなり，大きな社会的問題となった。このような懸念を受け，2003年，ニューヨーク証券取引所では，取締役会の実効性を高めるために，取締役会の自己評価を上場規則に義務付けた。その後，2008年の金融危機では，多くの金融機関において取締役が複雑なリスクを把握せず経営陣を適切に監督していなかった状況が明らかになった。この結果を踏まえ，OECDは取締役会の実効性と効率性を高める手段として，外部の専門家の支援による定期的な取締役会評価の実施を以下のように提言した[7]。

「取締役会のパフォーマンスを改善するために，法律や規制という形で確実な方法を見つけるのは，困難であるし，たぶん不可能のように思える。そのため，民間部門は，とりわけ自発的な基準によって，取締役会の活動を改善するための重要な責任を負うことになる。目的は，客観的で独立した判断を行うことができる有能な取締役会を構築することを促進することであるべきだ。独立性と能力の間に固有の対立はないが，形式上の独立性は，取締役会のメンバーにおいて，時には必要条件となるが決して十分条件とはならない。独立した専門家の支援による定期的な取締役会評価は，取締役会の実効性と効率性を監視するうえで，構造的な手段として用いられるべきである。」

この提言を受け，英国では，2010年に制定されたコーポレートガバナンス・コードにおいて，従来からの自己評価に加えて，FTSE350企業に対して3年に一度第三者評価の実施を求めることになった。

このように，英米では，コーポレートガバナンスの強化と取締役会評価の実施・改善は同時に進行してきた。その後，コーポレートガバナンスにおける取

7　OECD, *Corporate Governance and the Financial Crisis: Key Findings and Main Messages*, June 2009, pp.9-10（http://www.oecd.org/corporate/ca/corporategovernanceprinciples/43056196.pdf）.

締役会表評価の重要性は，その他の欧州やアジアの主要国においても認識されるようになり，今では，取締役会評価は海外企業で広く実施されるようになっている。

2.2 | 英国における取締役会評価

次に，コーポレートガバナンスの分野で長期にわたって主導的な役割を果たしてきた英国において，取締役会評価がどのように発展してきたのか詳細に見ていく。英国では，1980年代後半から90年代初めにかけて複数の企業不祥事が生じ，90年代以降コーポレートガバナンスの強化が図られた。キャドベリー委員会をはじめとする複数の委員会が設置され，1998年に各委員会の報告書の内容が統合されて統合規範（Combined Code，コンバインド・コード）となった。同コードはその後何回かの改定をへて，2010年にコーポレートガバナンス・コードと呼ばれるようになった。2018年に改定されたものが現時点での最新のコーポレートガバナンス・コードである。キャドベリー委員会から現在のコードまで，取締役会評価は重要な項目として継続的に取り上げられてきた。

① コーポレートガバナンス関連コードの変遷

取締役会評価については，2003年に改訂された統合規範で評価の実施が初めて求められるようになり，2010年のコーポレートガバナンス・コードからは，第三者評価も実施することが要請されるようになった。以下，英国の1990年代からの主要なコーポレートガバナンス関連の報告書とコードを追いながら，英国の取締役会評価の発展について詳しく説明する。

1992年 キャドベリー報告書

まず，1992年に発表されたキャドベリー報告書[8]では，取締役会の実効性に

8　The Committee on the Financial Aspects of Corporate Governance Chaired by Adrian Cadbury, *The Financial Aspects of Corporate Governance*, 1992.

関する望ましい規範に関する記述の中で，取締役会評価が，以下のように，「取締役会と経営陣のパフォーマンスについて再検討すること」という表現で言及されている。

> 　（社外取締役はコーポレートガバナンスのプロセスに対して2つの重要な貢献をするが）まず第一は，取締役会と経営陣のパフォーマンスについて再検討することである。社外取締役は，この観点における責任に注意深く取り組まなくてはならない。

　その後，1998年に，キャドベリー報告書，グリーンベリー報告書，ハンペル報告書の三報告書が示した規範及び原則を統合し，英国のコーポレートガバナンスに関するベストプラクティスとして，「統合規範」が策定されたが，この時点では取締役会評価についての記載はなかった。

2003年　ヒッグス報告書

　エンロン等の企業不祥事を受け，より実効性を持つコーポレートガバナンス体制の構築を目指して，社外取締役の役割と実効性について書かれた2003年のヒッグス報告書[9]では，取締役会評価についての具体的な考えが示された。同報告書では，統合規範において，取締役会が毎年取締役会評価を実施することを企業に求めることを，以下のように推奨している。

> 　取締役会，委員会，取締役個人のパフォーマンスの評価を，1年に少なくとも1回は実施しなければならない。年次報告書でにおいて，そのようなパフォーマンス評価が行われたか否か，そしてどのように実施されたかについて，記載されなければならない。
>
> 　すべての取締役会は，その実効性を向上させるための方法について，継続的に検証しなくてはならない。取締役個人と取締役会全体，そして委員会のパ

---

9 Derek Higgs, *Review of the Role and Effectiveness of Non-executive Directors*, January 2003, pp.7, 49.

フォーマンスを正式に検証することによって，取締役会は大きな恩恵を受けることができる。しかし，私の調査では，3分の1以上の取締役会において，取締役会のパフォーマンスに関する正式な評価が一度も実施されていない。そして，社外取締役においては4分の3以上，取締役会議長においては半分以上が，個人のパフォーマンスに関する正式な評価を一度も受けていない。

取締役会評価は，取締役会をより効率的に運営するための知識と自信を取締役会議長に与える。取締役会議長が，取締役会の強さと弱さを認識し，それらに対処し，そして，取締役会が将来に備えた適切なスキルのバランスを有しているか否かを検討するうえで，評価は役に立つ。

同報告書においては，第三者による第三者評価について，以下のように書かれている[10]。

外部の第三者による評価の実施は，評価プロセスに客観性をもたらすことができる。そして，取締役会議長はその（第三者評価の）価値を認識しなければならない。

2003年 統合規範

ヒッグス報告書を受け，財務報告評議会（Financial Reporting Coucil，以下FRC）は2003年に統合規範を改定した。取締役会評価について初めて以下のように記載された[11]。

A.6（取締役会の）パフォーマンス評価

主要原則
取締役会は，取締役会，委員会，取締役個人のパフォーマンスに関して，正式で厳密な評価を毎年行わなければならない。

10　Derek Higgs, *Review of the Role and Effectiveness of Non-executive Directors*, January 2003, p.50.
11　Financial Reporting Council, *The Combined Code on Corporate Governance*, July 2003, pp.10-11.

補助原則

　取締役個人の評価は，各取締役が継続的に効果的な貢献を行っているか，そして，その役割（取締役会や委員会の会議，そしてその他の義務のために十分な時間を費やすことを含む）に対して継続的に十分にコミットメントしているかどうかを明らかにすることを，目的とする。

　取締役会議長は，取締役会評価の結果に基づいて行動を起こし，取締役会の強みを認識し，弱みに対処しなくてはならない。そして適切な場合には，新しい取締役の指名を提案する，あるいは，既存の取締役の辞任を求める行動をとらなくてはならない。

各則

　A6.1　取締役会は，取締役会，委員会，そして取締役個人のパフォーマンス評価がどのように実施されたかについて，年次報告書で述べなくてはならない。上級独立取締役の主導のもと，社外取締役は，社内取締役の見解も考慮に入れながら，取締役会議長のパフォーマンスの評価を実施する責任を負わなくてはならない。

　FRCは，その後2006年に，取締役会の実効性に関するガイダンスを発表しており，そこでは取締役会評価の具体的な評価項目も提示している[12]。

　2003年の統合規範の改定以来，評価を実施する企業の数は増加し，ロンドン証券取引所に上場している多くの英国企業は何らかの形の自己評価を導入するようになった[13]。企業も，このような定期的な評価は，真剣に取り組むならば有益なプロセスであることを認めるようになっていった[14]。

---

[12] Financial Reporting Council, *Good Practice Suggestions from the Higgs Report*, June 2006, pp.19-21.
[13] Institute of Directors, *The Challenge of Board Evaluation*, 2 September 2010, p.2.
[14] Financial Reporting Council, 2009 Review of the Combined Code: Final Report, December 2009, p.22.

2009年　ウォーカー・レビュー

　それから６年後の2009年には，金融危機の経験を踏まえ金融機関における不適切なコーポレートガバナンスへの対応として，デイビッド・ウォーカー卿による「英国の銀行とその他の金融機関におけるコーポレートガバナンスの検証」[15]，いわゆる「ウォーカー・レビュー」が発表された。同レビューでは，取締役会評価の手法についても再検討されている。

　当時は，英国企業においては，取締役会評価（特に自己評価）は既に広く企業に受け入れられており，評価を行うか否かではなく，どのような方法と頻度で評価するか，どのような情報を株主に開示するかに，企業の関心が移っていた[16]。そのような中，同レビューでは，金融機関に対して，統合規範ではまだ要請されていなかった第三者評価を行うことを要求している[17]。

推奨12

　取締役会は，取締役会と委員会のパフォーマンスについて正式で厳密な評価を，２年ごとか３年ごとに，第三者評価のプロセスによって実施しなければならない。評価に関するステートメントは，取締役会議長のステートメントにおける評価に関する特定のセクションか，あるいは，年次報告書における独立したセクションに，含まれなければならない。そして，取締役会議長がそれに署名しなくてはならない。第三者機関を使う場合には，その事実を，評価者の名前とその他のビジネスにおける自社との関係に関する明確な説明と共に，評価のステートメントにおいて示さなくてはならない。そして，そのような他のビジネス上の関係がある場合は，どのような潜在的な利益相反についても適切に管理されていることに取締役会が満足していることを，示さなくてはならない。

推奨13

　取締役会のパフォーマンスとコーポレートガバナンスに関する評価のステー

15　David Walker, *A Review of Corporate Governance in UK Banks and Other Financial Industry Entities - Final Recommendations*, 26 November 2009.

16　Financial Reporting Council, *2009 Review of the Combined Code: Final Report*, December 2009, p.22.

17　David Walker, *A Review of Corporate Governance in UK Banks and Other Financial Industry Entities - Final Recommendations*, 26 November 2009, pp.16-17.

トメントにおいては，徹底的な評価プロセスが実施されたことが確認されなくてはならない。そして，取締役会が直面している，あるいは直面するかもしれない主要なリスクと決定に対して適切に対応し，そして，それらに挑むうえで必要とされるスキルと経験を特定するためのプロセスについて，説明されなければならない。ステートメントは，株主が評価プロセスの主要な特徴について理解するために必要だと取締役会が考える，意味のある高水準の情報を提供すべきである。そのような情報には，評価の過程でどのような課題にどの程度まで取り組んだかについての説明も含まれるべきである。また，ステートメントは，主要な株主とのコミュニケーションの本質と範囲に関して明らかにしなくてはならない。また，そのような対話の過程で株主から指摘された見解について，取締役会が十分に知らされていることについての確認も，提供されなくてはならない。

2010年　コーポレートガバナンス・コード

　ウォーカー・レビューの推奨事項は，金融機関のみならず上場企業全体にもあてはまるものとして認識され，2010年FRCは同レビューの内容を踏まえて，統合規範を改定し，コーポレートガバナンス・コードを制定する。取締役会評価については，ウォーカー・レビューが発表された2009年の時点では，大企業の約20％程度が既に第三者評価を実施していた。そのような企業の状況を踏まえて，FRCは，ウォーカー・レビューが推奨した第三者評価を支持した[18]。外部の評価者が評価プロセスに大きな客観性を持ちこむことを理由に，第三者評価の項を新たに加えることが決定された。2010年に発表されたコーポレートガバナンス・コードの取締役会評価の項では，以下に示すように，第三者評価の項目が各則に追加された[19]。

18　Financial Reporting Council, *2009 Review of the Combined Code: Final Report*, December 2009, p.22.
19　Financial Reporting Council, *The UK Corporate Governance Code*, June 2010, p.17.

> **各側**
>
> 　B6.2 FTSE350企業は，少なくとも3年ごとに第三者評価を受けなくてはならない。また，第三者機関が企業とそれ以外の関係を有しているか否かについて説明しなくてはならない。

　FRCは，企業側の懸念も考慮して，すべての企業に第三者評価を要請するのではなく，対象を大手企業FTSE350[20]企業としている。2010年のコーポレートガバナンス・コードに続き，FRCは，2011年3月，コーポレートガバナンス・コードの原則を実践するうえでの指針として，前述の「取締役会の実効性に関するガイダンス」を発表し，取締役会評価を含む実効性を高めるためのさまざまなガイダンスを提供した。そこでは，第三者評価を含めた取締役会評価については，以下のように記載されている[21]。

> 　コーポレートガバナンス・コードは，FTSE350企業に対して，少なくとも3年毎に第三者評価を行うことを推奨している。第三者評価は，新鮮な見方と新しい考え方を導入することにより，新たな価値を加えることができる。第三者評価は特別な状況においても有益であるかもしれない。そのような状況とは，取締役会議長が変わった場合，取締役会に関して慎重な取扱いを要する既知の問題がある場合，取締役会が外から見て有効に機能していない，あるいは機能してこなかったと認識されている場合を含む。

2012年　コーポレートガバナンス・コード

　コーポレートガバナンス・コードはそれ以降2年ごとに見直されており，2012年の改訂版では，取締役会評価については以下の2点が新たに加わっている[22]。

20　ロンドン証券取引所の上場企業のうち時価総額上位350社から構成される株価指数。
21　Financial Reporting Council, *Guidance on Board Effectiveness*, March 2011, p.11.
22　Financial Reporting Council, *The UK Corporate Governance Code*, September 2012, p. 22（https://www.frc.org.uk/getattachment/e322c20a-1181-4ac8-a3d3-1fcfbcea7914/UK-Corporate-Governance-Code-(September-2012).pdf）.

補助原則

　取締役会評価においては，スキル，経験，独立性，当該企業に関する知識の
バランス，性別を含む多様性，取締役が1つのまとまりとしてどのように機能
するか，そしてその他の実効性に関連する要素について考慮すべきである。

各則

　第三者機関の名前を年次報告書で開示しなくてはならない。

2014年及び2016年のコーポレートガバナンス・コード

　2014年及び2016年のコーポレートガバナンス・コードにおいては，取締役会
評価の関連項目については，特に変更はなされなかった[23]。

2018年　コーポレートガバナンス・コード

　2018年に発表されたコードでは，従業員の視点をより重視する形での取締役
会の在り方を提示するなどいろいろな改訂がなされている。取締役会評価の項
については，第三者評価についてより踏み込んだ記載がなされている[24]。同コー
ドの取締役会評価に関連する項目は，以下のとおりである。2016年のコードの
内容と大きく変わったのは，下線の第三者評価に対する記載である。

原則

　L.　取締役会の毎年の評価は，取締役会の構成，多様性を考えるべきであり，
　　　そして，取締役会メンバーが目的を達成するためにどのように効果的に協
　　　働しているかを考慮すべきである。

23　Financial Reporting Council, *The UK Corporate Governance Code*, September 2014
（https://www.frc.org.uk/getattachment/59a5171d-4163-4fb2-9e9d-daefcd7153b5/UK-
Corporate-Governance-Code-2014.pdf）; Financial Reporting Council, *The UK Corporate
Governance Code*, April 2016 （https://www.frc.org.uk/getattachment/ca7e94c4-b9a9-
49e2-a824-ad76a322873c/UK-Corporate-Governance-Code-April-2016.pdf）.
24　Financial Reporting Council, *The UK Corporate Governance Code*, July 2018, p.9
（https://www.frc.org.uk/getattachment/88bd8c45-50ea-4841-95b0-d2f4f48069a2/2018-UK-
Corporate-Governance-Code-FINAL.pdf）

24

各則

21. 取締役会は，取締役会，委員会，各取締役のパフォーマンスに関して，正式で厳密な評価を毎年行わなければならない。FTSE350企業は，少なくとも3年ごとに第三者評価を受けなくてはならない。第三者機関の名前は年次報告書で開示しなくてはならない。また，第三者機関が企業あるいは各取締役とそれ以外の関係を有しているか否かについて説明しなくてはならない。

22. 取締役会議長は，取締役会評価の結果に基づいて行動を起こし，取締役会の強みを認識し，弱みに対処しなくてはならない。各取締役は，そのプロセスに関与し，変化の必要性が明らかになった場合は，適切な行動をとらなくてはならない。

23. 取締役会は，指名委員会の仕事について年次報告書で説明しなければならない。その内容は以下のものを含む。
・指名，サクセッション・プランに対するアプローチ，そして，その両方が多様なパイプラインを開発することを支えるのかに関するプロセス
・どのように取締役会評価が実施されたか，第三者機関が取締役会及び各取締役に対して行ったコンタクトの性質と程度，評価の結果とそれに対してとられた行動，そして，それがどのように取締役会の構成に影響を与えたか，あるいは今後与えるか
・多様性とインクルージョンに関する方針，その目的と会社の戦略との結びつき，その方針がどのように実行に移されたか，そして，目的達成の進展
・経営陣メンバー及び彼らの直属の社員におけるジェンダーのバランス

これまでのコードにおいては，第三者評価の実施は推奨されていたが，第三者機関と取締役会のコンタクトの度合いに関する記載はなかった。しかし，2018年に改訂されたコードでは，第三者機関が評価対象の取締役会とそのメンバーにどのようにコンタクトをとったか，開示するよう求めるようになっている。このコードの改訂には，2018年1月に破綻した英国大手建設会社カリリオン社が破綻前に行った取締役会評価に関する開示内容が影響を与えている。詳

細については後述するが，同社は破綻前の2017年に第三者機関が関与した取締役会評価の結果を開示している。同社はその時期既に破綻につながる大きな問題を抱えていたにも関わらず，その年次報告書では取締役会の実効性が高いとの評価結果を記載している。

　同社の破綻後，その第三者評価の質を問題視する意見が英国社会で高まった[25]。単に第三者評価を実施するのでは不十分であり，評価の質が重要であるとの見方が増えている中でのコードの改訂となった。また，評価の内容の開示については，これまでコードにおいては評価のプロセスについての記述は要求されていたが，結果についての開示は要求されていなかった（実際には，結果やそれに対する対応について詳細に記載する企業も少なからず存在した）。しかし改訂コードでは，評価の結果とそれに基づいてとられたアクションについての開示が新たに求められるようになっている。

　ところで，実際には変更はなされなかったものの，当初FRCは，第三者評価の範囲を，FTSE350社に限らず，それより小規模な企業も含めたコード適用対象会社全体（プレミアム市場に上場している企業）に広げようと考えていた。コードの改訂に先だち，FRCは意見の徴取を行っているが，取締役会評価については，以下のような質問に対する回答を求めていた[26]。

　「FTSE350社より下の企業に対して，3年毎に第三者評価を行うことについての適用除外を取り除くことに賛成しますか？　もしそうでないならば，潜在的なコストとその他の負担に関する情報を提供してください。」

　そしてそれに対して寄せられた意見の概要についてFRCは以下のように記

25　Andrew Lynch, "Top Marks for the Carillion Board," *The Sunday Times*, January 21, 2018.

26　Financial Reporting Council, *Proposed Revisions to the UK Corporate Governance Code*, December 2017 (https://www.frc.org.uk/getattachment/f7366d6f-aa57-4134-a409-1362d220445b/;.aspx).

載している[27]。

　「より小規模な企業が第三者評価を行うことを妨げるものは何もないと多く
が答えているが，他方で高いコストが必要であるとの指摘もある。」
　「第三者評価のコストと共に，考慮する必要がある他の隠れたコスト，特に
取締役会メンバーの時間上でのコミットメントに留意している。」
　「より小規模で成長している企業に追加的なコストや義務を加えることは，
究極的には彼らがレギュラー市場にとどまる意思決定，そして，その結果，潜
在的な投資家のより深いプールへのアクセスに影響を与えるかもしれない。そ
れは，また，レギュラー市場にのみ投資をすることを求められている投資家に
とって開かれている潜在的な投資のプールを減らすことにもなりうる。」
　「取締役会評価の市場が十分に発達しておらず，第三者評価の適用対象の拡
大を支えることができる同評価を提供する機関の十分なプールがないことに対
する懸念も表明されている。」
　「コストと負担に関するコメントと，高い質を有する取締役会評価がコーポ
レートガバナンスのスタンダートを引き上げることができるという影響との間
でバランスをとらなければいけないことを，我々は認識している。」

　以上のような意見聴衆のプロセスを経て，FRCは，第三者評価の項の適用
企業は，従来どおりFTSE350企業に限定することに決定した。また，FRCは
同年，2011年に発表された取締役会の実効性に関するガイダンスを改定し，後
述するように第三者評価のプロセスについて，より詳しい記載を行っている。

②　取締役会評価の実施状況の推移
　次に，英国における評価の実施状況について見てみよう。

27　Financial Reporting Council, *Feedback Statement Consulting on a Revised UK Corporate Governance Code*, July 2018（https://www.frc.org.uk/getattachment/90797f4b-37a1-463e-937f-5cfb14dbdcc4/2018-UK-Corporate-Governance-Code-Feedback-Statement-July-2018.pdf）.

2010年以前の状況

　上述のように2003年に改定された統合規範において取締役会評価が求められるようになった際には，第三者評価までは求められていなかった。しかし，第三者評価は大手企業を中心に広がっていった。統合規範が改訂されてから4年後の2007年に，英国議会における全党派のコーポレートガバナンスに関するグループが，FTSE350企業を対象に評価に関する調査を実施した[28]。同調査では149社が回答しているが，その調査結果によれば，**図表2-1**に見るように，程度の差こそあれ第三者機関の支援を受けているのは，FTSE100[29]企業において50％程度，FTSE250[30]企業では30％程度となっていた。

【図表2-1】過去5年間における第三者評価の状況（2007年）

	FTSE100企業	FTSE250企業
常に自社内で評価を行っている	50.0%	70.7%
（少なくとも一度は）第三者から少し支援を受けて評価を行った	14.3%	13.0%
（少なくとも一度は）第三者が主導する評価を行った	35.7%	16.3%

　また，同調査によれば，**図表2-2**に見るように，多くの企業が質問票とインタビューを実施している。インタビューについては，議長（社外取締役）が中心になって行っている。英国企業の大半は社外取締役が議長となっているため，議長によるインタビューが一般的である。また，議長への評価は上級独立社外取締役が主導して行う。

28　The All Party Parliamentary Corporate Governance Group, *Evaluating the Performance of UK Boards Lessons from the FTSE 350*, October 2007.
29　ロンドン証券取引所の上場企業のうち時価総額上位100社から構成される株価指数。
30　ロンドン証券取引所の上場企業のうちFTSE100に次ぐ時価総額上位250社から構成される株価指数。

【図表２−２】評価の方法（2007年）

	FTSE100企業	FTSE250企業
質問票による書面の回答	76.9%	72.7%
インタビュー（議長による取締役会メンバーへのインタビュー，および，上級独立取締役による議長へのインタビュー）	72.5%	83.6%
取締役会内での360度評価	20.7%	23.6%
取締役会メンバー以外の経営幹部による評価	6.5%	8.9%

　その後，第三者評価を行う企業はさらに増えていった[31]。そのような企業の状況を踏まえて2010年に制定されたコーポレートガバナンス・コードでは，FTSE350企業に対して３年に一度第三者評価を実施することを求めている[32]。英国で多くの企業の第三者評価を手掛けているボードルーム・レビュー社のトレーシー・ロング博士は，コードの制定時点では，既に第三者評価を実施していた企業も少なくなく，FRCが提示したコードに企業が追随するのではなく，企業の評価の現状にFRCが追随する形でコーポレートガバナンス・コードが作られたと言うほうがより事実に近いと，語っている[33]。ただし，その後の実施状況からは，コーポレートガバナンス・コードにより，第三者評価の実施がさらに拡大した状況が見える。

2010年以降の状況

　2010年のコードの制定以降，FRCが毎年発行している報告書では[34]，第三者

---

[31]　Financial Reporting Council, *2009 Review of the Combined Code: Final Report*, December 2009, p.22（https://www.frc.org.uk/Our-Work/Publications/Corporate-Governance/2009-Review-of-the-Combined-Code-Final-Report.pdf）.

[32]　Financial Reporting Council, *The UK Corporate Governance Code 2010*, p.17.

[33]　ロング博士は2004年より英国で第三者評価を開始し，英国における評価のパイオニアかつ第一人者である。同博士の主な論文としては，Tracy Long, *"Board Evaluation,"* Corporate Governance for Main Market and AIM Market, London Stock Exchange, September 2012（http://www.londonstockexchange.com/companies-and-advisors/aim/publications/documents/corpgov.pdf）などがある。

[34]　Financial Reporting Council, *Developments in Corporate Governance 2012 The Impact and Implementation of the UK Corporate of the UK Corporate Governance and*

評価の実施状況が示されている。同報告書で参照されているグラント・ソント
ン社によるコーポレートガバナンスの調査[35]によれば，調査が行われた年に取

Stewardship Codes, December 2012, p.13 (https://www.frc.org.uk/Our-Work/ Publications/Corporate-Governance/Developments-in-Corporate-Governance-in-2012.pdf); Financial Reporting Council, *Developments in Corporate Governance 2012 The Impact and Implementation of the UK Corporate of the UK Corporate Governance and Stewardship Codes*, December 2013, p.12 (https://www.frc.org.uk/Our-Work/ Publications/Corporate-Governance/Developments-in-Corporate-Governance-2013.pdf)；ﾞ Financial Reporting Council, *Developments in Corporate Governance and Stewardship 2014*, January 2015, p.9 (https://www.frc.org.uk/Our-Work/Publications/Corporate-Governance/Developments-in-Corporate-Governance-and-Stewardsh.pdf); Financial Reporting Council, *Developments in Corporate Governance and Stewardship 2015*, January 2016, p.5 (https://www.frc.org.uk/getattachment/a0a980b7-17bc-43b5-adcc-b2096a1528ae/Developments-in-Corporate-Governance-and-Stewardship-2015-FINAL.pdf); Financial Reporting Council, *Developments in Corporate Governance and Stewardship 2016*, January 2017, p.9 (https://www.frc.org.uk/getattachment/ca1d9909-7e32-4894-b2a7-b971b4406130/Developments-in-Corporate-Governance-and-Stewardship-2016.pdf); Financial Reporting Council, *Annual Review of Corporate Governance and Reporting 2017/2018*, October 2018, p.33 (https://www.frc.org.uk/getattachment/f70e56b9-7daf-4248-a1ae-a46bad67c85e/Annual-Review-of-CG-R-241018.pdf).

35　Grant Thornton, *Corporate Governance Review 2011, A Changing Climate Fresh Challenges Ahead*, 2011, pp.18-19, 42 (http://www.grant-thornton.co.uk/pdf/corporate_governance.pdf); Grant Thornton, *Corporate Governance Review 2012, The Chemistry of Governance, a Catalyst for Change*, 2012, pp.20-21, 46. (http://www.grant-thornton.co.uk/Global/Publication_pdf/Corporate_Governance_Review_2012.pdf); Grant Thornton, *Corporate Governance Review 2013, Governance Steps Up a Gear*, 2013, pp.20-21, 49. (http://www.grant-thornton.co.uk/Documents/FTSE-350-Corporate-Governance-Review-2013.pdf); Grant Thornton, *Corporate Governance Review 2014, Plotting a New Courseto Improved Governance*, 2014, p.49 (http://www.grantthornton.co.uk/globalassets/1.-member-firms/united-kingdom/pdf/publication/2014/corporate-governance-review-2014.pdf); Grant Thornton, *Corporate Governance Review 2015, Trust and Integrity – Loud and Clear?*, 2015, p.57 (http://www.grantthornton.co.uk/globalassets/1.-member-firms/united-kingdom/pdf/publication/2015/uk-corporate-governance-review-and-trends-2015.pdf); Grant Thornton, *Corporate Governance Review 2016, The Future of Governance: One Small Step*, *2016, p.43*(https://www.grantthornton.co.uk/globalassets/1.-member-firms/united-kingdom/pdf/publication/2016/2016-corporate-governance-review.pdf); Grant Thornton, *Corporate Governance Review 2017*, 2017, p.36 (https://www.grant-thornton.co.uk/globalassets/1.-member-firms/united-kingdom/pdf/publication/corporate-governance-review-2017.pdf);

締役会の第三者評価を実施した企業の割合は**図表２－３**のようになっている。

【図表２－３】　第三者評価を実施した企業の割合（2010-2018年）

2010年	2011年	2012年	2013年	2014年	2015年	2016年	2017年	2018年	2019年
16.5%	24.8%	34.5%	34.2%	38.5%	36.9%	36%	39%	39%	38%

　また，英国のコードでは第三者評価は３年に一度実施することが求められているが，上記のグラント・ソントン社の調査によれば，３年に一度の第三者評価を実施していない企業がFTSE350企業全体に占める割合は，**図表２－４**に示すように非常に少ない。新たにFTSE350に入った企業は第三者評価を実施していない割合が高いため，非実施企業の割合が毎年減少傾向にはならないが，FTSE350社においてはほとんどの企業において３年に一度，第三者評価が実施されていることがわかる。

【図表２－４】　３年に一度の第三者評価を実施していない企業（2014年―2017年）

2014年	2015年	2016年	2017年
5.5%	7.4%	3.2%	4.6%

2.3 ｜ 米国における取締役会評価

　英国では，コーポレートガバナンス・コードの策定と実施状況の監督を行うFRCが中心となって，取締役会評価に関する議論の詳細が公表されており，またその実態調査も毎年行われている。そのため，英国においては評価の発展の経緯や実施状況については多くの情報がある。また，日本では，東京証券取

Grant Thornton, *Corporate Governance Review 2018*, 2018, p.38 (https://www.grant-thornton.co.uk/globalassets/1.-member-firms/united-kingdom/pdf/documents/corporate-governance-review-2018.pdf);
Grant Thornton, *Corporate Governance Review 2019, 2019*, p.49 (https://www2.grant-thornton.co.uk/rs/445-UIT-144/images/Corporate%20Governance%20Review%202019%20%28LP1%29.pdf).

引所が，取締役会評価も含めたコーポレートガバナンス・コードの遵守状況について，毎年，詳細に報告している。一方，米国では，証券取引所の上場規則として取締役会評価が義務付けられているが，評価をめぐる議論の内容や評価の実施状況に関するデータは限定的である。

　　まず，米国における評価の発展の経緯を概観する。前述のように，1994年，米国の全米取締役協会により出された報告書[36]でも取締役会評価が奨励され，その方法が示されている。当局からの指示ではなく，取締役の側からの自発的な動きから，取締役会評価が始まったと考えられる。その後，企業の会計不正事件を経て，2003年より，ニューヨーク証券取引所の上場規則によって取締役会，委員会，取締役個人の毎年の自己評価が義務付けられている[37]。一方，ナスダックにおいてはそのような上場規則はないが，自社のコーポレートガバナンスが適切であることを投資家に示すために，多くの企業が同様の評価を行っている[38]。2019年にスペンサー・スチュアート社が行った調査によれば，S&P500企業においては，その98％が取締役会評価を実施していることを開示している[39]。

　　取締役会の第三者評価については，米国ではそれを義務付ける規制はないが，実施する企業は増えているもようである。2010年にオーストラリアの年金基金などにより行われた国際調査によれば[40]，米国の大手企業10社の開示資料をも

36　National Association of Corporate Directors, *The Blue Ribbon Commission Report on Performance Evaluation of CEOs, Boards, and Directors*, Washington, 1994, p.24.

37　New York Stock Exchange Rule 303A.091.

38　Kessel, Mark and Stephen T. Giove, "Board Self-Evaluations: Practical and Legal Implications," *NACD Directorship, May/June 2014*, p.62.

39　Spencer Stuart, *2019 U.S. Spencer Stuart Board Index*, 2019, p.28 (https://www.spencerstuart.com/-/media/2019/ssbi-2019/us_board_index_2019.pdf).

40　The Australian Council of Superannuation Investors and The Centre for Corporate Governance (University of Technology, Sydney), *The State of Play on Board Evaluation in Corporate Australia and Abroad Study*, October 2010, p.29 (https://www.uts.edu.au/sites/default/files/BoardEffectiveness.pdf).

とに調べた結果，GEとプロクター・アンド・ギャンブルの2社が，評価の過程で第三者評価者を使っていることを開示している。また，前述のスペンサー・スチュアートの調査によれば，2019年に，S&P500企業の13％が，外部の独立した専門家に依頼して評価の支援をしてもらっていることを開示している。そして，多くの企業は，2年あるいは3年毎にあるいは定期的に外部の専門家を使っていると述べている。

　一方で，投資家は取締役会評価に大きな関心を抱いており，米国の機関投資家の団体であるCII（Council of Institutional Investors）は，この5年間に取締役会評価に関する報告書を2回出している。直近では，2019年にCII調査・教育ファンドが発表した米国企業に対する調査によれば，多くの取締役会において，第三者評価では取締役の匿名性が維持され率直なフィードバックを得ることができると考えられている[41]。英国と比較して，第三者評価を実施している企業の割合はまだ多くないが，投資家の支持を背景に今後も増えていくことが予想される。

41　CII Research and Education Fund, *Board Evaluation Disclosure*, January 2019, p.6
　（https://docs.wixstatic.com/ugd/72d47f_e4206db9ca7547bf880979d02d0283ce.pdf）.

第3章

日本及び海外の取締役会評価の現状と今後

次に，日本企業における取締役会評価の現状について説明し，現在，評価に対する見方が変化しつつある英国の状況を紹介する。

3.1 | コーポレートガバナンス・コード制定後の日本企業の状況

コーポレートガバナンス・コードで取締役会評価の実施が求められるようになったものの，ほとんどの日本企業にとって評価は初めての経験であったため，当初は低い実施率にとどまった。その後，実施企業の数は増加し，現在はコードが適用される東証一部及び二部の上場企業のうち，8割以上が実施している。以下，コード適用以降の状況を概観する。

① 当初見られた誤解

コード制定後，多くの日本企業は試行錯誤しながら取締役会評価を始めたが，当初は評価に関する誤解が散見された。取締役会評価の開示内容や筆者の経験に基づき，以下，いくつかその例を記載する。

まず，評価の主体についての理解が不十分なまま評価を実施したケースがあった。たとえば，社外取締役が社内取締役を評価するというフレームワークで実施した企業，社長が社内取締役のパフォーマンスを評価することを取締役会評価と考える企業などがその例である。しかし，取締役会評価は，取締役会

が実効性を有しているかどうかについて，取締役会が自らを検証するプロセス
である。社長，議長が，あるいは社外取締役というように特定のメンバーが，
取締役会全体や社内取締役を評価するものではない。ただし，評価を実施する
うえではイニシアチブを取る存在が必要であり，社長や議長，あるいは筆頭独
立社外取締役がその任にあたることが多い。しかし，評価を主導する立場で
あっても，彼ら自身も評価の対象となることを忘れてはならないだろう。

　また，取締役会評価を，「正解」に対する現状のスコアリングするものととら
え，ハイスコアの結果を示すことが重要であると考える企業も少なくなかっ
た。さらに，投資家から高い評価を得るために評価を実施しようとする企業も
あった。このような企業においては，開示内容を念頭に，あるべき開示・ある
べき評価結果からスタートして，評価の項目・内容を決めるというプロセスを
取りがちである。
　しかし，評価は，まずは取締役会自身のために行うものであり，投資家から
評価を得ることを目的として行うものではない。「開示ファースト」であるべ
きではない。取締役会自らが，自社にとってふさわしい取締役会の在り方，そ
の中で各取締役が果たすべき役割・責務を議論し，それを成し遂げるうえでの
課題の共有と解決のための有効なプロセスとして，評価を実施することが重要
である。評価というプロセスを自身のために徹底的に活用したのち，開示につ
いて考えるという道筋をとるのが，評価の本質にかなったものだと言えよう。

　現在，そのような誤解はなくなりつつあり，評価の手法についての理解が深
まっている。その一方で，日本企業の評価に対する姿勢は２つに別れつつある
ように見える。取締役会の実効性向上を目的として真摯に評価に取り組む企業
がある一方で，主としてコード対応を念頭に評価を実施する企業もある。コー
ドが適用される東証一部及び東証二部上場企業全体（約2,600社）を見ると，
後者がまだ一定以上を占めていると推測される。

②　取締役会評価の実施状況

　東京証券取引所が発表した取締役会評価の実施状況は**図表3-1**のとおりである[1]。これは，東証一部及び二部上場企業のコーポレートガバナンス報告書におけるコードの対応状況の開示に基づいている。

【図表3-1】取締役会評価の実施状況の推移

時期	実施企業数	説明企業数	実施率
2015年8月末	52	16	76.5%
2015年12月末	676	1,182	36.4%
2016年7月14日	1,245	1,017	55.04%
2016年12月末	1,398	1,132	55.26%
2017年7月14日	1,812	728	71.34%
2018年12月末	－	－	82.5%

　コードの初年度である2015年における開示の期限は12月まで猶予されていたため，コードが導入された直後の8月時点ではわずか68社だけが評価について開示している。この68社は，他社に先んじて開示を行っており，コーポレートガバナンスに対する関心が高い企業であると思われる。これらの企業は，コードのすべての項目において高い実施率を示しているが，取締役会評価の実施率は76.5％と，その中では低い実施率となっている。

　日本企業の開示がかなり出そろった2015年12月末においては，1,858社中，評価を実施している企業は36.4％となり，取締役会評価は，コードの中で最も

1　株式会社東京証券取引所『コーポレートガバナンス・コードへの対応状況及び関連データ』2015年9月24日，4頁；株式会社東京証券取引所『コーポレートガバナンス・コードへの対応状況（2015年12月末時点）』2016年1月20日，4頁；株式会社東京証券取引所『コーポレートガバナンス・コードへの対応状況（2016年7月末時点）』2016年9月13日，4頁；株式会社東京証券取引所『コーポレートガバナンス・コードへの対応状況（2016年12月末時点）』2017年1月16日，4頁；株式会社東京証券取引所『コーポレートガバナンス・コードへの対応状況（2017年7月14日時点）』2017年9月5日，3頁；株式会社東京証券取引所『コーポレートガバナンス・コードへの対応状況（2018年12月末時点）』2018年2月21日，5頁。

実施率が低い項目であった。その後，少しずつ評価を実施する企業は増え，2018年12月末時点で，実施率は82.5%に達している。

なお，取締役会の第三者評価の状況については，2018年7月13日時点のコーポレートガバナンス報告書のデータをもとに東京証券取引所が開示情報を分析した調査がある。それによれば，「市場第一部・市場第二部上場会社の78.9%（2,067社）が取締役会の実効性評価を実施」しているが，そのうち，第三者評価（第三者機関，第三者評価機関，弁護士等）の活用（今後の検討含む）に言及している会社は13.4%（277社）であり，前回の2016年の調査の5.9%（74社）から[2]増加している[3]。

また，JPX日経400に対する調査も行われている。たとえば，JPX日経400の構成銘柄400社のうちコード適用対象である東証1部・2部に属する企業396社に関して，2017年8月末時点で開示されているコーポレートガバナンスに関する報告書をもとに，ジェイ・ユーラス・アイアールとみずほ信託銀行が共同で行った調査がある[4]。同調査によれば，396社のうち，取締役会評価を実施した企業は351社，88.6%となっている。上記の図表にある2017年7月14日時点の東証一部・二上場企業全体の割合の71.34%より，高い実施率となっている。また，第三者が何等かの形で関与したのは，**表3－2**にあるように52社となっており，全体の13.1%となっている。

2　株式会社東京証券取引所『東証上場会社　コーポレート・ガバナンス白書2017』2017年3月，103頁（https://www.jpx.co.jp/equities/listing/cg/tvdivq0000008jb0-att/nlsgeu000003z2bl.pdf）。
3　株式会社東京証券取引所『東証上場会社　コーポレート・ガバナンス白書2019』2019年5月，114頁。なお，同報告書では，2018年12月31日時点で，取締役会評価を実施している企業の割合は78.9%となっており，上述の82.5%とやや異なった数字となっている。
4　岩田宜子・森央成・磯野真宇「取締役会評価の現状分析と今後の課題」『商事法務』2017年12月5日号（No.2152），24～28頁。

【図表3－2】2017年におけるJPX日経400における取締役会評価の実施状況

評価の手法		社数	比率
自社によるアンケート実施 （208社）	自社インタビューを実施	44	88.6%
	第三者インタビューを実施	3	1.4%
	実施せず（記述なし）	172	82.7%
第三者によるアンケート実施 （49社）	自社インタビューを実施	0	0.0%
	第三者インタビューを実施	15	30.6%
	実施せず（記述なし）	34	69.4%

　JPX日経400の直近の状況については，2019年7月15日時点のコーポレートガバナンスに関する報告書における開示をもとに，筆者が分析を行った。**図表3－3**に見るように，JPX日経400の構成銘柄400社のうちコード適用対象である東証一部・二部に属する企業397社に関して，評価を実施した企業は369社であり，全体の92.9％となっており，ほとんどの企業が評価を行っている現状が確認できた。残りの28社については，現在評価を実施していない企業が19社，評価のプロセスの内容が不明瞭で評価を実施しているかどうか開示内容からは確認できない企業9社がとなっている。

　また，実施企業397社のうち第三者が関与したことを明確に記載している企業は，103社，25.9％となっており，上記の2017年の14.6％と比較して約2倍になっている[5]。なお，103社中14社が指名委員会等設置会社である。

5　JPX日経400の取締役会評価の状況については，以下の調査でも触れられている。岩田宜子・森央成「取締役会評価の現状分析と今後の課題　2019年9月末のCG報告書を題材に」『商事法務』2019年11月15日号（No.2214）。また，PwCあらたによる調査によれば，Topix100企業において2019年8月11日時点のコーポレートガバナンス報告書で第三者機関を活用している企業は36％となっている（PwCあらた有限責任監査法人「最近の開示から読み解く取締役会の実効性評価の現状」2019年9月17日（https://www.pwc.com/jp/ja/knowledge/column/corporate-governance/vol22.html））。

【図表３－３】2019年におけるJPX日経400における評価の実施状況

	社数	コード適用対象企業 （397社）に占める割合
コード適用対象企業	397社	
取締役会評価を実施している企業	369社	92.9%
第三者機関が支援した企業	103社	25.9%

　図表３－４に見るように，その103社の中で，質問票を使用した企業は87社，インタビューを実施した企業は25社となっている（質問票とインタビューの両方を実施した企業は20社）。また，第三者機関の属性を明らかにした企業は22社あり，弁護士とコンサルタントがあげられている。その中で，第三者機関の名前を開示している企業は１社あり，コンサルタントの名前があげられている。

【図表３－４】2019年におけるJPX日経400における第三者評価の実施状況

	社数	第三者評価が支援 した企業（103社） における割合
第三者機関が支援した企業	103社	
質問票の作成・集計・分析のいずれかで第三者が支援	87社	84.5%
第三者インタビューを実施	25社	24.3%
第三者機関の属性		
第三者機関の名前を開示している企業	1社	1.0%
第三者機関の属性を明らかにしている企業（第三者機関の名前を開示している企業も含む）	22社	21.4%
弁護士に依頼	13社	12.6%
コンサルタントに依頼	9社	8.7%

　現時点では第三者が関与する評価を実施する企業数はまだ限定的である。ただし，筆者がアドバイスを行っている企業の状況から判断すると，最初の数回は自社で評価を行うものの，その後外部の視点を入れた評価を検討する企業が増えている。また，第三者評価の頻度については，英国のコードを念頭に３年

に一度程度を考えている企業が多い。今後，第三者評価の実施企業の割合は
徐々に高まっていくものと思われる。

③　日本における評価の特異性と欧米との違い

　コーポレートガバナンス改革の過渡期にある日本における評価は，海外の評
価と異なる側面も有している。ここでは，グローバルな評価の状況と日本企業
が行っている評価の違いについて説明する[6]。

　評価の手法については，日本企業と欧米企業を比較した場合，ほとんど差異
はない。海外においても国内においても，評価は，主として，質問票の書面に
よる回答の分析，インタビューによる分析，取締役会でのディスカッション，
あるいは，その3つの組み合わせにより行われている。しかし，評価の内容に
ついては差異が見られる。主な違いとしては，①評価軸の在り方，②評価の主
導者，③評価の対象者である。

評価軸の在り方

　両コードのフォローアップ会議の意見書にもあるように，取締役会評価にお
いては，取締役会が果たすべき役割・責務を明確化したうえで，その役割・責
務に照らし，取締役会の実効性を評価することが重要であると考えられている。
つまり評価の軸となる取締役会の役割・機能について，まず，取締役会におい
て共通の認識を持つことが期待されている。では，取締役会の役割とは何か。
日本のコーポレートガバナンス・コードでは，取締役会の中心的な役割を経営
に対する監督機能においている。海外の主要国では，長年にわたるコーポレー
トガバナンスの議論の中で，取締役会の役割についてそのような明確なコンセ
ンサスができあがっている。しかし，日本においては，多くの企業がコード制
定以後，取締役会の監督機能の強化に向けて大きく舵を切ったところであり，

6　日本の取締役会評価の特徴については，高山与志子「取締役会評価の実際と課題」『証
　券アナリストジャーナル』53巻11号（2015年11月）も参照のこと。

取締役会の役割・機能について，取締役会全体，各取締役メンバーにおいて，明確な合意を有する状況に至っていない企業も少なくないように思われる。

　生命保険協会が企業と投資家に対して毎年行っている調査では，2016年と2017年に，企業に対して取締役会評価を実施しているかいないか，実施していない場合はその理由は何かをたずねている[7]。同社の調査によると，実施企業は**図表３－５**にあるように，増加しつつある。なお，2017年の調査では，回答者全体の14.8％が第三者評価を実施したと答えている。

【図表３－５】取締役会評価の実施状況

	回答者数	評価を実施している	評価を実施していない	その他	無回答
2016年	572	68.7%	28.8%	0%	3.4%
2017年	581	85.0%	5.2%	5.2%	2.6%

　評価を実施していない企業については，その理由を聞いているが，取締役会の在り方や評価軸について検討中という答えが，**図表３－６**のように両年とも全体の６割程度と最も多くなっている。

【図表３－６】取締役会評価を実施しない理由

	回答者数	どのように評価すればよいかわからない	取締役会の在り方や評価軸について検討中	まだ評価する段階いない	必要性を感じない	その他	無回答
2016年	165	4.8%	60.0%	15.8%	4.2%	15.2%	0.0%
2017年	86	3.5%	57.0%	19.8%	12.8%	3.5%	3.5%

7　一般社団法人生命保険協会「平成28年度 生命保険協会調査　株式価値向上に向けた取り組みについて」2017年３月21日，４頁；一般社団法人生命保険協会「平成29年度 生命保険協会調査　株式価値向上に向けた取り組みについて」2018年４月20日，４～６頁（https://www.seiho.or.jp/info/news/2019/pdf/20190419_3-all.pdf）。

　2017年の調査では，実施企業に，評価の実施に関して重要だと考えていることは何かをたずねたところ，**図表3－7**のような回答が得られた。評価結果に基づくPDCAの実施をあげた企業が83.3％で最も多いが，適切な評価軸の設定をあげた企業が57.1％と2番目に多くなっており，取締役会の在り方に対する考え方が重要であることがわかる。

【図表3－7】取締役会評価の実施に際して重要だと考えていること

回答者数（3つまで回答可能）	適切な評価軸の設定	評価結果の社内共有化	評価結果に基づくPDCAの実施	社外取締役・社外監査役を中心とした諮問委員会等の活用	評価の開示	評価の有効性を感じていない	その他	無回答
490	57.1%	30.8%	83.3%	10.6%	19.0%	1.4%	1.4%	2.2%

　生命保険協会では2018年も同様な調査を行っているが，すでに取締役会評価が一般的に行われるようになったためか，取締役会評価の実施状況に関する質問はなされなくなっている。しかし，まだ，多くの日本企業では，取締役会の役割・機能とそれを支える重要な事項について，取締役会での議論を深めながら合意形成を進めている段階にあるものと思われる。そのような企業においては，コーポレートガバナンス改革のスピードを上げるためのプロセスとして，評価を活用することができるだろう。

取締役会評価の主導者

　誰が評価のイニシアチブをとるかについても，国内外において大きな違いがある。欧米においては，取締役会の議長が社外取締役である場合は議長が評価を主導し，そうでない場合は，指名委員会委員長（通常は社外取締役），あるいは筆頭独立社外取締役というように，社外取締役が評価を主導している。しかしながら，日本の場合は，CEOが取締役会議長を務めることが多い。近年は社外取締役が指名委員会の委員長を務める企業が増えているが，取締役会評価の主導まで指名委員会委員長の役割と見なしているところは限定的である。

また，筆頭独立社外取締役を置く企業も増えているが，彼らの役割を明確に定めている企業はまだ少ない。

　このような日本の現状において，本来，取締役会の監督を受ける立場にある執行代表のCEOが，取締役会評価のイニシアチブを取るケースが多くなっており，矛盾を抱えた形での評価となっている。このような矛盾を解消すべく，非執行取締役である会長が取締役会議長としてガバナンスの体制構築に専念し，取締役会評価を主導するというケースも見られる。

評価の対象者

　評価の対象者についても国内外で大きな差異がある。たとえば，英米では，取締役会構成員のほとんどが社外取締役であるため，取締役会の実効性を見る場合には，社外取締役がその機能を適切に果たしているかどうかが評価の中心テーマとなる。他方，多くの日本企業の場合，社内取締役が取締役会構成員の多数を占めるため，社内取締役に対する評価が重要になってくる。加えて，監査役も取締役会の議論で重要な役割を果たしていることから，監査役の役割・機能も念頭におきながら，監査役がどのように取締役会の実効性に貢献しているかも，取締役会全体の評価において重要な評価の対象となる。

　上記のような日本と海外の違いは，日本の取締役会が今後変化していくにつれ，最終的には収斂していくものと思われるが，しばらくの間は，日本の現状にあった形で，各社が評価の内容・プロセスを考えていくことになるだろう。

3.2 ┃ 英国における取締役会評価の現状

　英国のコーポレートガバナンス・コードは２年に一度改訂されており，一番最近のものは2018年７月に発表されたコードである。前述のように，2010年から2016年まで取締役会評価の記載については大きな変化はなかった。しかし，2018年には，取締役会評価の項についていくつかの改訂がなされ，第三者評価

のプロセスについては，前述のように，第三者機関が「取締役会及び各取締役に対して行ったコンタクトの性質と程度，評価の結果とそれに対してとられた行動，そして，それがどのように取締役会の構成に影響を与えたか，あるいは今後与えるか」について，より詳細な開示が求められるようになった[8]。このような英国の動向は，日本企業の今後の評価の在り方にも大きな影響を与えると思われるため，ここで，英国の最近の状況について詳しく見ておきたい。

①　第三者評価の質に対する関心の高まり

　コードの内容がこのように改訂された背景には，2018年1月に生じた英国大手建設会社カリリオン社の破綻が影響を与えている。この破綻においては，長年同社の監査を担当してきた大手監査法人に対する批判が高まり，FRCは，同法人の2014年以降のカリリオン社の監査内容について調査を開始している。加えて，カリリオン社の取締役会がその責務を適切に果たしていたかどうか，それを示す取締役会評価が適切に行われたかどうかについても，注目が集まっている[9]。

　同社がすでに財務上の問題を抱えていた2017年に発表された2016年の年次報告書には，第三者に依頼して取締役会の第三者評価を行ったことが以下のような内容とともに記されている。

　「2016年の評価では，取締役会は非常に実効性があり，年間を通してそのパフォーマンスはさらに改善したことを確認した。」
　「2016年の評価で強調されている取締役会の主要な強みは，以下のものを含

8　Financial Reporting Council, *The UK Corporate Governance Code*, July 2018, p.9 (https://www.frc.org.uk/directors/corporate-governance-and-stewardship/uk-corporate-governance-code).

9　Donald Nordberg, and Rebecca Booth, *Response to UK Corporate Governance Consultation*, 2018, pp.1-2 (https://www.frc.org.uk/getattachment/0b954635-be94-470b-af5e-984c26710352/Carey-Group;.aspx).

んでいる。それらは，取締役会の構成，専門知識，取締役会と社内取締役の関係，取締役会によって提供された戦略的な監督，リスク管理と内部統制に対する取締役会のアプローチ，サクセッション・プランと人的資源に対する管理である。」

そして，その結果については，以下のように記載されている[10]。

「取締役会評価は，2016年の間，取締役会のパフォーマンスと実効性がさらに向上したことを確認した。」

第三者評価は，インタビューを伴うことが多いが，同社の評価プロセスについては，匿名のオンライン調査で行ったと書かれている。この評価において，オンライン上での質問票への回答以外で，各取締役と第三者機関の間で十分なコミュニケーションがあったかどうかについては一切記載がない。このように，第三者評価といっても質問票に機械的に答えるだけでは，評価の質は保証されない[11]。同社の状況を踏まえて，投資家からも評価の質に対する強い懸念が寄せられた[12]。

②　第三者評価に関する原則・コード策定の動き

このような状況の中で，2018年3月，英国のビジネス・エネルギー・産業戦略省（Department for Business, Energy & Industrial Strategy，以下BEIS）は，破綻に陥った，あるいは，それに近い状態になっている企業のコーポレートガバナンスを向上させるためにどのような新しい提言が必要かについて，意

10　Carillion, *Annual Report and Accounts 2016*, 2017, p.57.（http://www.annualreports.com/HostedData/AnnualReports/PDF/LSE_CLLN_2016.pdf）.
11　ただし，この開示内容に同評価を実施した第三者機関が同意したどうかについては，明らかにされていない。
12　Sacha Sadan, "Carillion's Collapse Exposes Deep Corporate Governance Failings, Action Must Be Taken to Improve the Stewardship of UK Companies," *Financial Times*, February 14, 2018.

見募集を行った[13]。意見募集の際に提示された質問には取締役会評価に直接触れたものはなかったにも関わらず，取締役会評価に関する意見がかなり寄せられた。

　BEISによれば，複数の回答者から，特に機関投資家から，第三者評価の市場について，最低限の基準を導入するという観点から検証すべきであると提言された。英国のコードにおいては，毎年，取締役会の実効性に関する評価を実施することが求められており，少なくとも3年に一度は独立性の高い評価者によって実施されるべきであるとされているが，評価の基準や徹底ぶりについては，企業によって大きく異なるという指摘がなされた。

　そして，BEISは，それらの意見を元に「企業破綻とコーポレートガバナンス─政府の回答」と題する報告書を同年8月に発表した[14]。そこでは，取締役会評価について以下のよう記述がなされている。

　「政府は株主と共に，独立性の高い取締役会評価の基準を強化するための措置をとり，また，株主が第三者評価者を選任する役割を持つべきかどうかを考えるための措置をとる。取締役個人がその法律上の義務を果たすことを助けるための正しいフレームワークを作り出すと同様に，企業の経営と文化の方向性を提供するうえで，取締役会の実効性は極めて重要である。」

　そして，具体策として，取締役会評価の質と実効性を改善させるためのさらなる施策（第三者評価に関するコードの作成を含む）を検討するために，ICSA（カンパニー・セクレタリーなど，ガバナンスのプロフェッショナルか

---

13 Department for Business, Energy & Industrial Strategy, *Insolvency and Corporate Governance*, March 20, 2018（Insolvency and Corporate Governance, March 20, 2018）

14 Department for Business, Energy & Industrial Strategy, *Insolvency and Corporate Governance, Government response*, August 26, 2018, p.26（https://assets.publishing.service.gov.uk/government/uploads/system/uploads/attachment_data/file/736207/ICG_-_Government_response_doc_-_24_Aug_clean_version__with_Minister_s_photo_and_signature__AC_final.pdf）.

ら構成される英国の団体）に投資家と企業の代表者を含むグループを招集することを依頼した。

第三者評価に関する基本原則の策定の動き

BEISの要請を受けて，ICSAのCEOであるサイモン・オズボーン氏は，「すべての関係者が評価の質に信頼を持つために，企業と取締役会評価提供者は，実施される評価の範囲と特質，そして，提供者の経験と独立性についてはっきり知っているべきである。評価に関するすべての関係者にとって，評価実施のコードはそれを達成するための重要な施策となる。」と述べ[15]，企業及び投資家の関係者による協議を開始した。そして，2019年5月に「英国上場企業における第三者評価の有効性に関する検証と意見徴収」と題する報告書を発表した[16]。

報告書では，企業と評価を提供する第三者機関それぞれに対して，評価を実施するうえでの基本方針案を提示している。意見募集の締め切りは同年7月で締め切られ，それをもとに最終案が発表される。本書を執筆している段階では，最終案の発表時期は未定である。

同報告書は，英国のみならず世界の取締役会評価にも影響を及ぼすものと思われ，日本の評価の今後を考えるうえでも重要な内容を含むため，本書ではその内容について解説する。

まず，取締役会評価の目的について，報告書の冒頭に以下のように記載している。

15　ICSA, *ICSA to Review the Quality and Effectiveness of Board Evaluations*, August 26, 2018（https://www.icsa.org.uk/about-us/press-office/news-releases/icsa-to-review-the-quality-and-effectiveness-of-board-evaluations）.
16　ICSA, *Consultation, Review of the Effectiveness of Independent Board Evaluation in the UK Listed Sector*, May 2019（https://www.icsa.org.uk/assets/files/pdfs/guidance/consultations-2019/icsa_board_evaluation_-consultation_document_-may2019.pdf）.

・評価の目的は，第一に，取締役会が継続的に取締役会のパフォーマンス及び企業のパフォーマンスを向上させるために，取締役会の実効性に関する徹底的かつ客観的な検証を提供することである。
・第二に，取締役会が高いスタンダードに向けて（その責務を）遂行することに取り組み，そして，取締役会の実効性における弱みについて理解し対処していることを株主とその他のステークホルダーに対して，明確に示すことである。

　そして，同報告書では，一部で見られる，「評価を実施することによって100％実効性がある取締役会となることができる」「評価の開示は，将来の取締役会の実効性に関する保証，あるいは，予測と見なす」という見解を明確に否定している。取締役会評価やその開示は取締役会の実効性の保証となるものではなく，評価はあくまでも，取締役会自らが持続的にその実効性を向上させようとするプロセスであるとの考えを示している。それに続いて，同報告書では，上場企業のグッドプラクティスの原則，上場企業の開示ガイダンス，第三者機関の行動規範，の3つの案を提示している。なお，同報告書の策定委員の1人である，元FRCのコーポレートガバナンス・ディレクターだったクリス・ホッジ氏に対して，筆者が2019年7月に行ったインタビューにおいて，同氏は，第三者評価において最も重要なのは取締役会自体の姿勢であるとしたうえで，報告書で提示された3つの案の中で上場企業の開示ガイダンスは特に重要である，と述べている。

　以下，これらの3つの案の内容を見てみよう。まず，上場企業のための原則案は以下のとおりである。なお，評価を支援する外部の機関については第三者機関という言葉で統一して訳している。

上場企業のためのグッドプラクティスの原則案

選任

1. 第三者機関の選任に関する決定は，単独の取締役または従業員に委任しない。選任の決定が，取締役会または指名委員会のいずれかによって承認することを確実にする。

2. 会社は，現在，他に事業上の関係を持つ，あるいは会社に対して2回以上連続して取締役会評価を行った第三者機関を任命しない。

範囲とプロセス

3. 会社と第三者機関は，評価が始まる前に契約条件に同意する。それらの条件は，評価の目的と範囲，それに伴うプロセスを特定しなければならない。会社はその後，第三者機関の同意なしに契約条件を修正しようとすることはしない。

4. 会社は，評価プロセスの一環として，第三者機関に取締役会全体及び取締役個人への直接のアクセスを提供する。また，合意された評価目的を達成するために，必要に応じて取締役会及び委員会の文書，委員会，経営陣及びその他の内部及び外部のステークホルダーへのアクセスを提供する。

5. 会社は，第三者機関に，調査結果を取締役会全体に直接提示する機会を提供する。

6. 会社は，第三者機関がプロセスの運営について懸念を抱いている場合に，内々に話し合うことができるコンタクト先を特定する。これは通常，独立社外取締役の1人となるだろう。

開示

7. 会社は，年次報告書において，これらの原則に従っているかどうか，そして第三者機関が第三者機関の行動規範の署名者であるかどうかを開示する。

8. 会社は，年次報告書で提示される評価プロセスの説明と評価の結果の記載が正確であるということについて，第三者機関の正式な合意を得る。

また，上場企業のための開示ガイダンス案において，第三者評価の開示については，以下のように提案している。

上場企業の開示ガイダンス案

第三者評価

6．第三者機関を活用している場合，英国のコーポレートガバナンスコードでは，会社は次のことを開示すべきであると述べている。
- 第三者機関の個人または組織の名前
- 会社と他の関係があるかどうか
- 取締役会及び取締役個人に対するコンタクトの性質及び範囲

7．さらに，年次報告書には，第三者機関が選ばれた過程（例えば，正式な入札過程を経たか，または決定が下される前に候補者と面接したかなど）が記載されていなければならない。会社の中で誰が決定を下すことに関わっていたかを明確にするべきである（例えば，議長，指名委員会あるいは取締役会全体）。

8．評価者が会社と現在他の関係を持っているかどうかを開示するとともに，年次報告書では，評価者が以前に会社あるいは議長（または第三者機関を任命した人）に対して取締役会評価を実施したかどうか（そしてもしそうであれば何回評価を実施したか）を示さなければならない。

9．年次報告書には，第三者評機関が「第三者機関の行動規範」の署名者であるかどうか，及び会社自体が第三者評価に関する原則を適用しているかどうかを記載する必要がある。

10．年次報告書では，第三者機関が取締役構成員とどのようなコンタクトを取ったかを開示することに加えて，他の誰から取締役会のパフォーマンスについて意見を求めたか（例えば，経営陣，内部及び外部監査人，主要な株主及びステークホルダー）を明示すべきである。

11．第三者機関が任命されている場合，会社は，従ったプロセスと評価の結果が記述された報告セクションについて，第三者機関と合意しているかどうか，また，第三者機関が合意された事項が実施されることを評価の後に監視することについて合意しているかどうか，を示す必要がある。

　報告書では，第三者機関の行動規範もあわせて提示されている。第三者評価が取締役会の運営に良い影響をもたらすか否かは，取締役会の姿勢が最も重要であるが，第三者評価者の能力にも大きく依存する。同行動規範案では，第三

者機関に要求される能力について，以下にように示している。

第三者機関の行動規範案

　第三者機関に必要とされる主題とスキルの範囲は評価ごとに異なるが，第三者機関は以下の能力を持つべきである。

- スキル，経験，知識，能力などの属性に加えて，取締役会と取締役が，幅広く深く独立した思考につながる厳密な思考プロセスを，取締役個人あるいは取締役会全体としてどの程度示しているかを評価する。
- 取締役会の行動力学を評価する。
- 取締役会の多様性が非常に重要であることを理解する。取締役会及びその委員会全体に対して詳細な観察と検証を実施する。
- 取締役個人の貢献を評価する。
- 経営陣などより広範なサクセッションの問題を評価する。
- 事業の成功に不可欠な，時間をかけて行われた特定の意志決定の実効性を分析する。
- 取締役会及び委員会の文書を検証する。
- 取締役会のパフォーマンスに関する社外の視点（会社の主要株主の視点を含む）を求め，それを理解する。
- 評価で特定された問題に対処する方法について取締役会に助言する。
- 取締役会に行動計画を提供する。

　（本行原則の）署名者に対する最低限の資格はないが，第三者機関の貢献が情報に基づいた建設的なものであることを保証するために，求められるレベルの能力を示す必要がある。能力の分野は次のとおりである。

- 独立した取締役会評価を実施した実績。
- 取締役，カンパニー・セクレタリー，またはその他の専門家であることに由来する取締役会実務の直接的な経験。
- ガバナンス及び行動の問題に関する知識，および専門知識。
- 経営及び事業の経験。
- 財務に関する専門知識。
- コミュニケーション，思慮や慎重さ含む個人的及び対人関係のスキル。

・関連する専門的資格及び最新の専門的知識の保有。

　本書の執筆時点では，最終版はまだ出ていないが，以上の原案から判断して，第三者評価においては，評価を実施する企業とそれを支援する第三者機関に対して，従来より厳しい基準が求められることになるだろう。

　ところで，英国において，コーポレートガバナンス全体の問題に関わる大きな動きとして，英国政府によるFRCの組織の見直しがある。あいつぐ会計不正の中でFRCが十分その機能を発揮していないことを懸念した英国の国務大臣からの要請に基づき，2018年12月，FRCの状況を検証するいわゆるキングマン報告書が作成・発表された[17]。FRCの状況を厳しく批判した同報告書を受けて，BEISは，キングマン報告書で提言された推奨事項についての意見募集を行った。その際に提示されたBEISの報告書では，FRCを「監査・報告・統治監督機構（ARGA：Audit, Reporting and Governance Authority）」という新組織に置き換えるとしている。ARGAは監査法人の監督や上場企業の報告などについてより強い権限を与えられることが想定されている。同報告書では，取締役会評価自体については以下のように述べている[18]。

　「推奨49：（途中略）当報告書は，新しい政府機関（ARGA）は次に関する権限が与えられることを推奨する。（途中略）
　　・監査委員会の有効性に関する特定の調査のように，特定の関心事項に関する分野に注力する第三者評価を行うことを，企業に求める（以下略）」

17　John Kingman, *Independent Review of the Financial Reporting Council*, December 2018（https://assets.publishing.service.gov.uk/government/uploads/system/uploads/attachment_data/file/767387/frc-independent-review-final-report.pdf）.
18　Department for Business, Energy & Industrial Strategy, *Independent Review of the Financial Reporting Council, Initial Consultation on the Recommendations*, 11 June 2019, p.25（https://assets.publishing.service.gov.uk/government/uploads/system/uploads/attachment_data/file/784988/independent-review-financial-reporting-council-initial-consultation-recommendations.pdf）.

　新組織のARGAは，企業の取締役会により高い基準を要求することが想定されるため，これらの動きは，取締役会評価の内容にも影響を与えると考えられる。今後の動向を注意深く見守っていく必要があるだろう。

3.3 | 取締役会評価の今後の変化

　このような英国の状況は，日本の今後の評価の方向性に影響を与えるものと思われる。それらの状況を踏まえ，今後想定される日本の変化について，以下説明する。

① 第三者評価に対する関心

　日本企業においては，第三者評価を実施する企業が増えつつある。これまで数回自己評価を行い，次に第三者評価を行うことを検討しはじめている企業も増えている。この傾向は今後も続くだろう。ただし，すべての企業が第三者評価を実施することはないだろう。

　英国の例では，FTSE350社からさらに規模の小さな企業に評価を実施することについては，かなりの抵抗があった。東証一部・二部上場企業は現在約2,600社に上り多様な企業が含まれているため，すべての企業が第三者評価を実施するのは非現実的である。第三者評価を実施するのは，全体の数割程度にとどまることが予想される。

　また，第三者評価を行う企業の数が増えるにつれ，第三者評価の質に対する関心も高まると思われる。第三者評価の内容は，かなりばらつきがあり，簡単な質問票によるものから，各取締役会構成員に時間をかけて十分なインタビューを行い，議長とも十分に話し合ったうえで行う評価もある。

　2018年にエゴンゼンダー社が東証一部上場企業を対象に行った調査では，回答企業361社のうち60社が第三者評価を行っている。そのうち，第三者評価の課題として「企業評価の向上につながる分析に至らない」と回答した企業の割

合は40.0％，「実質面に踏み込んだ評価枠組みになっていない」と回答した企業の割合は23.3％となっている[19]。一方で，第三者評価において質問票のみによる評価を行っている企業は第三者評価実施企業60社のうち53.3％と半数以上を占めている。英国同様，評価の質と評価の手法（質問票のみか，インタビューなども加えた評価を行うかなど）の関係が推測される結果となっている。

　現時点では，まだ第三者評価の実例が積みあがっておらず，第三者機関名の開示もほとんどないことから，開示結果からはその実体は把握しづらい状況であるが，第三者評価の詳細なプロセス及び第三者機関の名前に対する開示の要望が今後高まっていくだろう。

②　個人評価に対する考え方

　現在，日本では取締役会全体の評価が中心となっているが，今後，個人の評価も少しずつ増えていくものと考えられる。英国では，コーポレートガバナンス・コードにより，取締役会全体と委員会に加えて取締役個人の評価が求められているため，個人の評価は一般的である。一方，米国では，ニューヨーク証券取引所で取締役会評価は求められているが，「取締役会は少なくとも１年に一度，取締役会と委員会が有効性を持って機能しているかどうか判断するために自己評価を行うべきである。」とあるだけで，個人の評価は求められていない[20]。そのため，個人の評価を行っているのは，**図表３−８**に示すように，S&P500企業の評価実施企業のうち44％と４割程度である（2018年は38％，10年前は22％）[21]。ただし，PwCが2019年に行った調査（上場企業の734人の取締役が回答）によれば，回答者の49％が自身の属する取締役会で少なくとも１人の取締役は交替すべきであり，回答者の23％が２人から３人の取締役が交替すべきであると考えていることから，米国における取締役個人に対する評価への

19　佃秀昭「2018年度コーポレートガバナンスの実態に関する調査結果の紹介」『商事法務』2018年11月25日号（No.2183），27頁。
20　New York Stock Exchange Rule 303A.091.
21　Spencer Stuart, *2019 U.S. Spencer Stuart Board Index*, 2019, p.28（https://www.spencerstuart.com/-/media/2019/ssbi-2019/us_board_index_2019.pdf）.

潜在的なニーズは高いものと思われる[22]。

【図表３−８】S&P500社の評価の状況

評価を実施している企業	98%
評価実施企業における評価項目	
取締役会と委員会	49%
取締役会・委員会・取締役個人	42%
取締役会のみ	7%
取締役会と取締役個人	2%

　個人に対する評価の具体的なプロセスとしては，自己評価と相互評価（Peer Reviewと呼ばれる評価であり同僚による相互評価を意味する。本書では，相互評価と記載する）がある。後述するように，相互評価に対する抵抗感があるため，より容易な自己評価を行うことが多い。自己評価においては，質問票に書面で回答する場合もあるし，議長などが，各取締役に個別にインタビューしながら，当該取締役自身に対する評価を質問していく場合もある。自己評価は，取締役としての自らの責務や活動の重要な事項について，書面や口頭で答えるプロセスをへて，定期的に自分自身を見直す良い機会となり，今後の活動に良い影響を与えると考えられている[23]。EYの2019年の調査によれば，フォーチュン100企業のうち，自己評価を行っている企業は全体の40％であり，相互評価を実施している企業の割合（25％）より多くなっている[24]。筆者が評価を支援した日本企業においては，自己評価を実施する企業は多くあったが，相互評価

22 PwC, *PwC's 2019 Annual Corporate Directors Survey, The Collegiality Conundrum, Finding Balance in the Boardroom*, 2019, p.5, （https://www.pwc.com/us/en/services/governance-insights-center/assets/pwc-2019-annual-corporate-directors-survey-full-report-v2.pdf.pdf）.

23 Steve Klemash, Rani Doyle, and Jamie C. Smith（EY Center for Board Matters）, "Effective Board Evaluation," Harvard Law School Forum on Corporate Governance and Financial Regulation（https://corpgov.law.harvard.edu/2018/10/26/effective-board-evaluation/）.

24 EY Center for Board Matters, *How Companies Are Evolving Board Evaluations and Disclosures*, 2019, p.2, （https://assets.ey.com/content/dam/ey-sites/ey-com/en_us/topics/cbm/ey-how-companies-are-evolving-board-evaluations-and-disclosures.pdf）.

を行っている企業はまだなかった。

　相互評価のプロセスとしては，議長（議長が社外取締役でない場合は筆頭独立社外取締役，あるいは，社外取締役が務める指名委員会委員長）が，各取締役に個別にインタビューし，上記の自己評価に加えて，他の取締役に対する評価を質問していくことになる。

　第三者評価の場合は，第三者の機関が各取締役に対してインタビューを実施する。その結果については，議長がその結果を把握したうえで，各個人にフィードバックする。取締役会全体に対するフィードバックは通常は行わない。結果に応じて議長が必要なアクションをとることもある。特定の人物に問題がある場合は，議長がその人物と個別に話す，状況に応じて議長が指名委員会と協議するなどの対応を行う。なお，議長に対する評価については，議長以外の社外取締役（英国の場合は上級独立社外取締役など）が，同様のプロセスで行う。ただし，このような個人に対する評価については賛否両論がある。

　長年，取締役個人に対する評価が行われている英国では，FRCは相互評価が推奨されている。2018年のコードとともに発表された，FRCの取締役会の実効性に関するガイダンスでは，評価のプロセスとして，取締役の相互評価および各取締役へのフィードバックが取締役会評価を価値あるものとしてすすめられている。

　一方で，米国では，懐疑的な見方も見られる。ナスダック市場が発表している取締役会評価に関する資料の中では，「相互評価は，取締役のより多くの説明責任につながり，よく機能していない取締役を特定するうえで役立つ。しかし，相互評価はリスクなしでは行えない。表明されている懸念の1つは，相互評価は平等な関係に基づく取締役会の文化を損なうかもしれないことだ。この重要な欠点のため，取締役会は取締役個人の評価をすることを決めるうえでは，配慮をもって行うべきである。」との記載がある[25]。

　また，投資家からは，相互評価を肯定的に見る意見がある。米国の機関投資家の団体であるCIIは，「取締役個人の評価，そして，一定の企業で適切であると判断されたならば，相互評価は，各取締役が株主に対して説明責任を果たすうえで役に立ち，取締役会の望ましい資質と構成を強化する。ある企業は評価のプロセスで相互評価を取り入れないことを最終的に決めているし，一方で他の企業においては，評価のプロセスを強化したあとで，相互評価を評価のアプローチの重要な存在と見なしたり，時間をかけて採用したりしている。」と述べている[26]。

　現在の日本企業の状況を見ると，社外取締役の数が増えるにつれ，各社外取締役が適切に機能することの重要性がさらに高まっている。CEOをはじめ社内取締役に対する評価は，社外取締役を中心とする指名委員会が行うが，社外取締役個人を評価するしくみは現時点ではほとんどない。社内取締役は，社外取締役からそのパフォーマンスを厳しく検証され監督されているのであれば，同時に社外取締役もそのパフォーマンスを検証されるべきであると考える取締役会が，今後増えていくかもしれない。
　しかし，前述のように，現在，日本の取締役会評価において相互評価を行っているところはほとんどない。日本の多くの企業においては，取締役会の実効性を高めるための取組みに着手して間もないところが多く，まずは，取締役会全体の評価に重点が置かれている。それに加えて個人の評価を行うのであれば自己評価が望ましいとの見方が中心である。

　筆者は，評価の支援の過程で，議長から相互評価を依頼されたケースがあっ

25 Nasdaq Corporate Solution, *Optimizing Board Evaluation*, August 2016, p.3（https://nq.nasdaq.com/BL_Optimizing_Board_Evaluations）.
26 Glenn Davis and Brandon Whitehill（Council of Institutional Investors）, "Board Evaluation Disclosure, "*Harvard Law School Forum on Corporate Governance and Financial Regulation*, January 30 2019（https://corpgov.law.harvard.edu/2019/01/30/board-evaluation-disclosure/）.

たが，当該企業の現状を踏まえて引き受けてこなかった。ただし，相互評価について考えること自体は有効であるとの考えのもと，一部の先進的な取締役会の議長や指名委員会の委員長にそのような評価の是非について，議論を何度か行った。ある議長（社外取締役）は，「相互評価の必要性は認めるものの，日本の社会においては，互いに評価するという文化が十分醸成されていないため，相互評価は時期尚早である」と述べていた。取締役会個人の評価の在り方は，今後の評価の重要なテーマとなると思われる。

第4章

取締役会評価の実務

この章では，取締役会評価の具体的な実務について説明する。

4.1 取締役会評価のフレームワーク

取締役会評価はそれ自体が目的ではなく，目的を達成するための手段である。取締役会評価を実施する際には，まず評価の目標を設定することが重要となる。ここでは，どのような目標のもと，評価を組み立てていくのか，評価のフレームワークについて説明する。

筆者が支援した企業においては，多くの取締役会議長は，常に中長期的な企業価値の向上というゴールからスタートして，評価を含むコーポレートガバナンスに関するさまざまなプラクティスの意義を考えていた。継続的に企業価値を上げるためには，優れた経営陣による適切な経営と，そのような経営に対する適切な監督が共に必要である。取締役会評価は後者の監督に関わるところであり，取締役会が十分にその監督機能を発揮し，企業価値の向上に貢献しているかを検証することになる。

つまり，取締役会議長は，自社の企業価値を高めることをまず大きな目標として掲げ，それを可能とする取締役会を構築することを次の目標として設定する。そして，取締役会評価というプロセス，つまり，取締役会の現状を分析し課題を解決する過程を経て，自社にとって望ましい取締役会を構築し，それに

より経営の質を高め，継続的な企業価値の向上につなげていく。

　ところで，経営と監督は表裏一体のものであり，双方が深く関係しあいながら取締役会が運営されているため，取締役会の監督機能についての議論は，経営に関する議論に直結することが多く，取締役会を検証する過程で経営に対する検証も同時に行われることが少なくない。

　筆者が評価の前に取締役会議長と話をする際には，なぜ取締役会評価を実施するのか，その理由や目的を常に確認することにしている。その際の議長の回答の中から，いくつかを以下に紹介する。

　「短期的な経営ではなく持続的な成長を可能にする経営を行うことが重要だと思っている。そのために，10年後，20年後の将来に向けて，取締役会をどのように変えていくべきか，その方向性を明確にしたい。」

　「当社が中長期的に目指す姿を実現するために，取締役会はどうあるべきかについて，評価プロセスを通じて取締役会全員の意識を一体化させたい。」

　「当社を取りまく環境の変化を考えると，変化の速度が加速するだけではなく，現在よりさらに厳しい状況に直面することが考えられる。その中で生き残り成長していくためには，取締役会は社内・社外を問わずプロフェッショナルから構成される集団となり，徹底的に議論する場にならなければならない。そのための施策は既にいくつか実施しているが，さらに何をすべきか，何が足りないのか確認したい。」

　「取締役会のメンバーの多くは数十年この会社にいるため当社の文化に深く染まっている。しかし，世の中が大きく変わり顧客が変わり競合が変わる中で，これまでの前提条件が大きく崩れている。これまでの企業文化を維持したままでは，変化に対応するための十分な議論を取締役会で行うことは不可能である。

取締役会評価を，企業文化を見直す契機としたい。」

　「新中期経営計画のもと，事業・経営ステージが大きく変化している。現在の取締役会の議論の内容が現状のままでよいのか，変えるべき点があるのか，そして，経営会議の議論はどうあるべきか，取締役会メンバーの意見を確認したい。」

　「取締役会のスタンダードというものは存在せず，各社ごとに異なる。当社でも自社の考え方にもとづき取締役会の改革を進めている。しかし，世の中にあわせる必要はないものの，他社の状況と比較して，第三者の視点から当社に何が足りないのかを指摘してほしい。」

　「機関設計の変更を行い監査役会設置会社から新たな機関に移行したが，社内取締役・社外取締役ともに，新しい機関設計におけるそれぞれの役割，委員会の役割について，理解を深めてもらいたい。評価のプロセスを通じて，個々の取締役が自身の考えを整理することで，取締役会全体のコンセンサスができることを期待している。」

　「取締役会の質を維持するうえでは定点観測が重要だと思っている。取締役会はそれぞれ異なる経歴，経験，資質のメンバーから構成されている。各メンバーは高い見識を持っているが，何もしなければメンバーの意識はばらばらになっていくかもしれない。毎年評価を行うことで，1年に一度，取締役会の在り方を自ら考える良い機会にしていく。それにより，各取締役の考え方・行動に対してあるべき枠を設定することが，取締役会評価の意義であると考えている。」

　以上のように，取締役会議長が，企業価値という観点，中長期的な観点からの問題意識，取締役会の構成メンバーの意識共有の重要性の認識を常に持ち，

評価に臨んでいるケースが多く見られた。

4.2 評価項目

　東京証券取引所の「コーポレート・ガバナンス白書2019」によれば，評価項目を開示している企業が2018年12月31日時点で36.5％であり，その主な内容は，取締役会の運営，構成，審議，機能，役割・責務等となっている[1]。

　評価の対象となる項目については，特に定まったものはないが，当局が推奨している詳細な基準としては，英国のコーポレートガバナンス・コード及びスチュワードシップ・コードを策定し監督する機関であるFRCが出している取締役会の実効性に関するガイダンスが参考となる。そこでは取締役会評価における評価項目が以下のように記載されている[2]。

・戦略を構築し実施する，そして，企業が直面する課題，機会，主要なリスクという観点からの取締役会のスキル，経験，知識の組み合わせ
・企業の目的，方向性と価値のために与えられる明確さとリーダーシップ
・後継者計画と育成計画
・取締役会が，１つのまとまりとしてどのように機能するか，そして，議長とCEOが定める基調
・取締役会の関係，特に，議長と経営陣，議長と上級独立取締役，議長とカンパニー・セクレタリー（取締役会事務局），社外取締役と社内取締役の関係
・各取締役の実効性
・上級独立取締役の役割の明確さ
・取締役会の委員会の実効性，そして，それらがどのように取締役会と関係しているか
・企業とそのパフォーマンスに関して提供される一般的な情報の質，取締役会に提供される書類とプレゼンテーションの質とタイミング

1　株式会社東京証券取引所『東証上場会社　コーポレート・ガバナンス白書2019』2019年
　　5月，118頁。
2　Financial Reporting Council, *Guidance on Board Effectiveness*, July 2018, pp.11-12.
　　(https://www.frc.org.uk/getattachment/61232f60-a338-471b-ba5a-bfed25219147/2018-
　　Guidance-on-Board-Effectiveness-FINAL.PDF).

> ・各議題に関する議論の質と与えられる時間
> ・重要な決定や異論の多い課題に関して十分に議論することを確保するために議長が使うプロセス
> ・カンパニー・セクレタリー（取締役会事務局）の実効性
> ・1年間かけて行われる重要な意思決定におそらく使われる，意思決定のプロセスと権限の明確さ
> ・リスクを明らかにし検証するプロセス
> ・どのように取締役会が，株主とその他の主要なステークホルダーとコミュニケーションをとり，その意見に耳を傾け，応えるか

　これらの評価項目には英国特有のものもあるが，多くは日本企業と共通な内容となっている。このような国内外の状況を踏まえながら，筆者が日本企業と議論しながら支援した取締役会評価における主要な評価・検証項目は，以下のとおりである。

取締役会評価における主な評価項目

取締役会の役割・機能に対する考え方
・取締役会の役割・機能
・社内取締役の役割・機能
・社外取締役の役割・機能
・議長の役割・機能

取締役会の規模と構成の状況
・取締役会の規模（人数）
・社外取締役と社内取締役の構成割合
・社外取締役の構成
・社内取締役の構成

取締役会の運営状況
・開催頻度
・所要時間

・時間配分
・上程される議題
・取締役会に提示される資料
・取締役会の事前の準備のための時間・情報

議論の状況
・経営陣によるプレゼンテーションの内容
・議論の内容・質
・各取締役の議論への貢献

重要な委員会の役割・機能に対する考え方と規模・構成の状況
・委員会の役割・機能
・委員会の規模
・委員会の構成

重要な委員会の運営・議論の状況
・開催頻度
・所要時間
・時間配分
・上程される議題
・委員会に提示される資料
・委員会の事前の準備のための時間・情報
・議論の内容・質
・委員会と取締役会のコミュニケーション

社外取締役に対する支援体制の状況
・研修・教育の機会
・取締役会以外の委員会等の参加の状況
・社外取締役同士のコミュニケーション
・社外取締役と社外監査役，あるいは，社外取締役と監査役のコミュニケーション

監査役会の役割・機能に対する考え方と規模・構成，議論の状況（監査役会設置会社の場合）
・監査役の役割・機能
・監査役の規模・構成（社外監査役の構成，社内監査役の構成）
・監査役の取締役会の議論に対する貢献

投資家・株主との対話の状況
・投資家・株主に関する取締役会への報告
・投資家・株主に関する取締役会の議論
・投資家・株主に対する情報発信

取締役個人の評価
・自身の取締役会への貢献に関する評価

　これらの評価項目には，一見形式的・外形的な基準ととらえられる項目があるが，実際には各項目とも，定性的な要素を多く含み，各企業固有の状況を踏まえて判断しなくてはならない。

　たとえば，取締役会の構成は，取締役会の実効性に最も大きな影響を与える要素の1つであるが，その中には，社内取締役・社外取締役の割合，社外取締役の構成，社内取締役の構成などの項目が含まれる。社外取締役の数や割合を考える際には，単純に，コードが要求する2人以上，あるいは，多くの投資家が求める3分の1以上という数字を満たせばよい，という判断にはならない。

　社外取締役が監督機能を果たすためには，取締役会において，議題としてあがった個別案件についてその背景・文脈に関する十分な情報のもとでの議論が必要となる。それを可能とする社内取締役の構成や規模は，どのようなものが適切であるのかも，同時に考えなくてはならない。そのような要素を踏まえ，社内と社外の割合と取締役会全体の規模とのバランスをどのようにとっていくのか，各企業で状況は異なる。

　また，社外取締役の構成を考えるうえでは，事業・戦略との整合性，および，

多様性が重要となる。前者においては，変化の激しい業界でグローバル化戦略を展開する企業と，国内規制が強い業界であり比較的安定的な環境で事業を展開する企業とでは，社外取締役の監督機能において異なる要素が求められる。また，多様性については，監査役会設置会社においては，社外取締役のみならず社外監査役も含めた社外役員全体の多様性について考えたほうがよい場合も多い。

上記の評価項目については，グローバルなスタンダードや他社平均などとの単純な比較は意味をなさず，コードの趣旨を踏まえながらも各企業特有の状況，各社の事業・経営にもとづく各社固有の評価の軸を反映した評価が必要となる。このような定性的な側面を十分考慮しながら，これらの項目について評価していく必要がある。

4.3 自己評価と第三者評価

取締役会評価の手法には，第三者の関与なしに取締役会の中だけで自らを評価する手法と第三者が関与する手法との2つがある。なお，本書では，前者については自己評価，後者については第三者評価という表現に統一している。

① 自己評価のプロセス

現在，日本企業の自己評価では，多くの場合，質問票を使うケースが多い。一方，海外では，それに加えてインタビューを行うケースも少なくない。その場合は，取締役会議長が社外取締役であれば取締役会議長が，あるいは，指名委員会の委員長（通常社外取締役が委員長を務めている）や筆頭社外取締役が，各取締役とインタビューを行う。

英国においては，取締役会議長は基本的には社外取締役が務めており，FRCのガイダンスでは，取締役会議長が評価をリードすべきであると記載されているため，インタビューについても取締役会議長が中心になって行うと考えられ

る。一方，米国では，まだ多くの企業でCEOが取締役会議長を務めているため，指名委員会がリードするケースが多い。EYの2019年の調査では，フォーチュン100企業のうち73％において，コーポレートガバナンス・指名委員会（委員長は社外取締役が務める）が評価のプロセスを実施し，その場合は，単独，あるいは，筆頭社外取締役や取締役会議長と共同で行うとなっている[3]。また，株主総会においては，取締役の選任議案が最も重要な議案の1つであるが，同調査では，フォーチュン100企業のうち93％が，総会の招集通知において取締役会の評価を開示している。米国や英国では，取締役会の構成は評価の重要な項目であり，評価結果をもとに，構成の見直し，指名が行われることが多く，指名委員会の機能と密接に関わる。

　日本では自己評価で取締役会議長や指名委員会委員長や筆頭社外取締役がインタビューを行うケースは非常に限定的である。主な理由は，前述のように，日本企業においては取締役会議長が社外取締役であるケースが稀であること，また，現在，多くの日本企業が指名委員会（任意・法定含む）を設置しており社外取締役が委員長を務めるケースが増えているが，指名委員会の役割として，取締役会評価を主導することを想定しているケースは限定的であることが考えられる。筆頭独立社外取締役を置いている企業も増えているが，その役割の定義はあいまいなことが多い。

　以上より，日本企業で最も多くみられるのが，社内取締役が務める取締役会議長がイニシアチブをとり，質問票のみによる評価を行う評価である（実務は取締役会事務局が行う）。その場合のプロセスは以下のとおりである。

3　EY Center for Board Matters, *How Companies Are Evolving Board Evaluations and Disclosures*, 2019, p.2,（https://assets.ey.com/content/dam/ey-sites/ey-com/en_us/topics/cbm/ey-how-companies-are-evolving-board-evaluations-and-disclosures.pdf）

自己評価のプロセス

準備段階
・取締役会議長と取締役会事務局で現状と課題の確認，評価の目的の設定
・上記に基づく質問票の策定
・取締役会にて議長による評価の目的と概要の説明

実施段階
・質問票の配布
・第三者による回収・集計（匿名性維持のため）
・事務局による分析
・議長による分析結果の確認と最終報告内容の決定

最終報告と開示のプロセス
・取締役会における最終報告
・最終報告に基づく取締役会での議論
　（現状・課題の確認，課題への対応の決定，開示内容の決定）

---

② **第三者評価のプロセス**

　第三者評価においても，質問票のみというケースが海外においても見られる。しかし，前述の英国の評価の例でも見られるように，質問票のみでは外部の第三者が取締役会の内部の状況を把握するのが難しいため，インタビューも含めたより徹底した評価を求められるようになっている。そのような第三者評価では，第三者機関がどのように評価プロセスに関与するかが重要なポイントとなる。

機関投資家が考える第三者評価の望ましい実務

　この点について，英国の機関投資家，リーガル・アンド・ジェネラルが，第三者機関（コンサルタント）の関与について望ましい実務を以下のように提示している[4]。

・コンサルタントはすべての取締役会メンバーとカンパニー・セクレタリーに対して個別インタビューを実施すべきである。
・コンサルタントは，評価の価値を最大限にするために，取締役会に出席することを認められるべきである，そして，もし出席しない場合はその旨を記載するべきである。
・コンサルタントは，取締役会の委員会に出席する機会を持つべきである。
・コンサルタントは，経営陣の取締役会に対する見方を得るために，経営委員会のメンバーと会うことができるべきである。
・コンサルタントは株主，監査人，弁護士など他のステークホルダーとアクセスすることを許可されるべきである。
・評価結果については，議長同様，SID（Senior Independent Non-Executive Director，上級独立社外取締役）にも別途フィードバックされるべきである。
・取締役会議長または取締役会とコンサルタントの間で，どのようにアクションが実施されたか，あるいは実施されるのかについて議論するために，フォローアップミーティングを行うべきである。
・同じコンサルタントは，企業が異なるコンサルタントを使う前に，連続して2回を超える回数の評価を行うことはできない。
・コンサルタントは，年次報告書に含まれる取締役会評価に関する記述を承認すべきである。
・コンサルタントが提供する追加的なサービスは開示されるべきであるし，最低限の何もしない期間はおくべきであり，それは開示されるべきである。

　同じく，リーガル・アンド・ジェネラルは，取締役会評価に関する原則を，機関投資家向けに発表しているが[5]，第三者評価をするにあたって重要なこととして，協力，透明性，承認の3つの項目をあげている。

4　Legal and General Investment Management, *Fundamentals: Active Ownership: Driving the Change*, October 2014（http://www.lgim.com/files/_document-library/knowledge/thought-leadership-content/fundamentals/fundamentals-oct-2014-eng.pdf）.
5　Legal and General Investment Management, *Board Effectiveness Reviews, Guiding Principles*, pp.1-2（https://www.lgim.com/files/_document-library/capabilities/board-effectiveness-reviews-jan-16.pdf）.

> **協力**
>
> 　評価のプロセスの完全性を確かにするために，企業と第三者機関は全面的に協力しなければならない。それは，取締役会，委員会に関する情報，参加者，ミーティングに関する透明性とそれらへの適切なアクセスを含む。
>
> **透明性**
>
> 　年次報告書をはじめとするすべての情報開示は，第三者機関の名前（利益相反があればそれも含めて開示），評価の手法（インタビューやミーティングなどの傍聴），最終的な結果（受け入れた推奨と拒否された推奨），承認プロセスについて，明らかにしなくてはならない。
>
> **承認**
>
> 　第三者機関は，評価について記載している年次報告書を含めた正式な開示については，同意し承認すべきである。

第三者評価の具体的なプロセス

　以上のように，第三者評価を行う際には，企業，第三者機関ともに十分にコミットしたうえで評価を行う必要がある。具体的には，第三者の支援のもとで徹底したプロセスによる評価を行った場合，以下に示すようなプロセスを経ることになる。

> ### 第三者評価のプロセス（第三者機関の立場から支援プロセスを記載）
>
> **準備段階**
> ・取締役会事務局との打ち合わせ
> ・取締役会・委員会議事録等の確認
> ・取締役会議長・CEOと取締役会の課題・目標設定についての議論
> ・取締役会の傍聴
> ・取締役会における趣旨説明
>
> **実施段階**

<u>質問票による評価</u>
- ・上記の議論に基づく質問票の策定
- ・質問票の配布と回収
- ・質問票回答結果の分析
- ・必要に応じて，質問票回答結果に基づきインタビューの方向性について取締役会議長とディスカッション

<u>インタビューによる評価</u>
- ・質問票回答結果に基づき，取締役・監査役との個別インタビュー（1人当たり1時間〜1.5時間）

<u>報告</u>
- ・最終報告書の作成と提出
- ・取締役会議長に報告書の内容を報告
- ・取締役会における最終報告
- ・（取締役会は報告書の内容に基づき評価の内容を検証，評価結果を確定，今後の対応を決定）

<u>開示</u>
- ・取締役会の議論に基づいた開示内容を第三者機関が確認・その後企業が開示

　以上のプロセスにおいては，準備段階が第三者機関にとって非常に重要となる。当該企業と取締役会に対する十分な理解がなければ，適切な評価支援は不可能である。そのため，評価の主体者である取締役会議長やCEOと事前に十分な議論を行うことで，理解を深めることが重要となる。そもそも中長期的にどのような企業になることを目指しているのか，そのためにはどのような取締役会であるべきなのか，それと比較して取締役会の現状をどうとらえているのか，何か課題があると考えているのか，評価を通して何を達成したいのか，など，評価の枠組みと目標を設定する。このフレームワークのもとで，実際の評価を実施する。

　実施段階では，質問票による調査と個別インタビューが2つの大きな柱とな

る。質問票による書面の調査は，多様な角度から取締役会の全体的な傾向を把握するのに有用な方法である。この調査結果に基づき，特に重要な点に注力してインタビューを行う。質問票もインタビューも忌憚のない意見を得るために匿名で行うのが基本である。個別インタビューを実施することにより，以下の理由により評価の質を高めることが可能となる。

・取締役会の実効性は，きわめて定性的な要素により構成される。質問票による書面回答では，説明できない内容，時間的制約等から十分な回答ができない内容などについて，インタビューにより詳細な状況を把握することが可能となる。
・質問票に対する回答と異なり，直接的かつ十分な双方向のコミュニケーションのもとで，自身の見解を述べることが可能となる。
・インタビュー対象者が課題と感じている点・問題意識を抱いている点について，より深い議論を行うことができる。

このように，インタビューは，評価において最も重要な部分である。個々のメンバーが取締役会の現状についてどう考えているのか，何か課題を認識しているのか，そのような課題をどのように解決するべきであると考えているのか，などについて，十分な時間をかけて議論を行う。そして，その結果を分析し，最終的な報告書が取締役会に提出される。

また，インタビューを実施するのであれば，質問票による書面の回答は必要ないのではないかという意見もあり，実際，インタビューのみの評価も行われている。ただし，取締役会の実効性に関わる事項は多岐にわたりインタビューだけではすべてをカバーできないこと，全員の質問票回答結果をもとに論点を絞ってインタビューを実施することで，他のメンバーにおける問題意識をディスカッションの中で共有したうえで，より詳細な議論が可能となるなどの理由から，筆者はインタビューを実施する際にも質問票による調査を実施している。質問票・インタビュー以外の方法としては，取締役会，あるいは，社外役員に

よるミーティングなどにおいてグループ・ディスカッションを行い，そこに第三者機関が参加する場合もある。

　以上のような緻密で徹底した第三者による評価を行うのは，企業にとって負担が大きいため，毎年行うのではなく数年に一度行うケースが多い。筆者が支援した企業では，毎年第三者評価を実施する企業は例外的で，英国での状況を念頭に3年に一度を目途として行っているところが多かった。

　ところで，評価を支援する側にとっては最終報告の時点で評価の支援プロセスはほぼ終了するが，取締役会はその後に本格的な議論を行うことになる。第三者機関から報告された評価の結果について，確かにそのとおりなのかを検証し，十分な議論を行う。そして，その議論に基づき今後とるべきアクションを策定し，評価の開示の内容についても決定する，という具合に，多くの重要な意思決定を行う必要がある。

第三者評価の企業の事例

　では，ここで，第三者評価のプロセスについて，海外企業の事例をもとに，同評価がどのように実施されているか，具体的に見ていこう。第三者が，取締役会構成員と十分なコンタクトをとり評価のプロセス全体に深く関与した例として，大手製薬会社であるGSK社の取締役会評価があげられる。同社では，2017年の年次報告書において，同年実施した第三者評価の内容について，詳細な説明を行っている[6]。以下，開示内容にもとづき，プロセスの概要を記載する。

GSKの取締役会評価（第三者評価）

フェーズ1：準備
　・第三者機関は，取締役会議長，上級独立社外取締役（Senior Independent

6　GSK, *Annual Report 2017*, p.92（https://www.gsk.com/media/4751/annual-report.
　pdf.）

Non-Executive Director），CEO，取締役会事務局責任者（カンパニー・セクレタリー）とミーティングを持ち，評価の範囲と評価のタイムテーブルについて議論を行い，内容について合意した。
・取締役会事務局責任者は，第三者機関に対して，評価の準備作業の一部として，取締役会，委員会，その他の重要な資料を提供した。

フェーズ2：インタビュー
・2017年11月及び12月に，第三者機関は各取締役に対して詳細なインタビューを実施した。
・事前に，各取締役にインタビューにおける明確な議題が送られ，それにもとづいてインタビューが実施された。
・より広い視点を確保するために，取締役会事務局責任者と人事部トップに対してもインタビューが実施された。

フェーズ3：観察
・第三者機関は，2017年12月に開催された取締役会と委員会の会合に出席し，取締役，会合の運営，会合における議論の状況を観察した。

フェーズ4：レビュー
・評価の内容と評価の結果案を含んだ報告書が第三者機関により作成され，まず，議長，CEO，取締役会事務局責任者と共に，その内容について議論を行った。次に，調査結果と推奨事項を含んだ報告書が，2018年1月の取締役会において，第三者機関により提示された。
・以下の報告書が別途作成された。
　－各委員会に関する報告書は，まず各委員会の委員長に提示され，次に2018年1月の各委員会の会合において議論された。
　－各取締役に関する報告書は，議長に提出され，その内容について議長と議論を行った。
　　（筆者注：取締役個人に対する評価の結果は，取締役会では報告せず，議長にのみ伝えることが一般的である。議長はその結果に応じて，当該取締役と個別に話す，指名委員会委員長と話すなどする。また，第三者機関から当該取締役に個別に評価の内容を伝えることもある。）
　－議長に関する報告書については，まず筆頭独立社外取締役と報告書の内

容について議論を行った。次に，上級独立社外取締役と第三者機関は，
（議長以外のその他の）社外取締役とその内容について議論を行った。その後，筆頭独立社外取締役と議長はその内容について議論を行った。

フェーズ5：結果

- この報告書の結果を受けて，取締役会メンバーは，当社の最善の利益のために積極的に取り組んでいる。そして，同メンバーは，取締役会の仕事は，取締役会の運営を支援するために構築された仕組みにより支えられていると感じている。
- 取締役会はコーポレートガバナンスについて非常に真摯に受け止めており，次の分野についてさらに取り組むことを決めた。
  - 新しいCSO（Chief Scientific Officer）　兼　R&Dプレジデントの指名に続き研究開発戦略を検証する。
  - 毎年注力すべき明確な優先順位について合意することで，取締役会が注力し意思決定することを促進する。
  - 経営上層部と取締役会レベルにおけるサクセッション・プランを構築する。
  - グループ全体におけるCEOのカルチャーと一致する取締役会の関係とカルチャーを構築する。

　以上のように，GSK社においては，議長及び取締役会構成員の十分なコミットメントのもと，第三者機関による丁寧かつ徹底したプロセスで，評価が実施されている。

③　自己評価と第三者評価の比較

　自己評価と第三者評価においては，それぞれプラス面とマイナス面がある。英国議会全党派のコーポレートガバナンス・グループは，コーポレートガバナンスに関連する報告書をいくつか発表している。一番最近のものでは2018年6月の報告書があるが，そこでは，英国上場企業235社（海外企業で英国に上場している企業も含む）と英国の大手投資家8社からの回答に基づき，自己評価と第三者評価のそれぞれの特徴について，以下のように説明している[7]。

自己評価の長所

　同報告書によれば，自己評価の長所は以下のとおりである（以下，回答数の多い順に記載）。

① 　リソースの使用がより少なくてすむ
② 　会社に対するより多くの知識のもと課題に注力できる
③ 　評価の一貫性とフォローアップを促進できる
④ 　評価の参加者においてより多くのエンゲージメント，オープンさ，信頼が可能となる

　①のリソースについては，より簡単に評価ができる，より迅速な評価ができる，より柔軟な評価ができる，費用が少なくてすむ，などが具体的な事項としてあがっている。

自己評価の問題点

　一方，英国の取締役協会（IOD）の2010年の報告書では，自己評価の問題点を，以下のように説明している[8]。

・センシティブな問題について，他の取締役，特に取締役会議長と，完全にオープンに語ることについて，躊躇するだろう。
・取締役会が，意味のある取締役会評価を計画し実施するための時間，リソース，専門的な知識を有していないかもしれない。
・評価のプロセスにおいて，他の組織とのベンチマーキングを取り入れないかもしれない。

7　The All Party Parliamentary Corporate Governance Group, *15 Years of Reviewing the Performance of Boards, Lessons from the FTSE All Share and Beyond*, June 2018, p.37 (https://www.appcgg.co.uk/wp-content/uploads/2019/05/15-Years-of-Reviewing-the-Performance-of-Boards-Lintstock.pdf).
8　Institute of Directors, *The Challenge of Board Evaluation*, 2 September 2010, pp.4-5.

・評価のプロセスをいかに厳しく実施するかについては，自分自身で査定することは難しいため，外部の株主に対して大きな安心感を与えそうもない。
・あるケースでは，取締役会が直面している基本的な問題が，取締役会議長のリーダーシップが不適切な点にあるかもしれない。その議長のリーダーシップのもとで行われる自己評価のプロセスでは，この問題に対処することはできそうもない。
・自己評価は，取締役会の機能に直接関わる分野，例えば取締役会のプロセスや手続きのような分野について対処するうえでは役にたつだろう。また，第三者評価の実施時期の間の中間的な評価を行う手法としては適切だろう。しかし，取締役会の実効性においてより論争の的になりそうな観点（例えば，取締役個人，取締役会のリーダーシップ，行動スタイル）については，自己評価が対応する能力が限定的である。

第三者評価の長所

　上記の英国議会のコーポレートガバナンス・グループの報告書では，第三者評価の長所は以下のとおりとなっている（以下，回答数の多い順に記載）。

①　独立性と客観性がある
②　評価者は多くの経験を持っている
③　評価者はより多くのエンゲージメントをすることが可能であるし，評価により多く信頼性を与えることができる
④　評価をよりきちんとした仕組み・構造のもとで厳密に行うことができる

　また，上記のIODの報告書では，第三者評価の長所を以下のように説明している。

・取締役は，取締役会議長や他の社内関係者に直接伝えるよりも，自社に関係のない第三者に対して，より進んで取締役会の機能に関する基本的な懸

念を表明するだろう。このような傾向は，ある重要な事業分野に対する自信や専門知識が欠けていたり，就任してからの時間が浅いなどのために，取締役会ではあまり強く主張しない取締役において，より当てはまるだろう。

・取締役会議長と経営陣に対して，評価プロセスの結果を正直に報告するという点において，独立した外部の評価者は制約が少ないだろう。

・資格要件を満たした適切な第三者評価者は，取締役会評価のプロセスに専門家のノウハウを持ち込む。

・独立した第三者評価者を含めることによって，取締役会評価が厳しく客観的に行われたという安心感を，株主や他の外部のステークホルダーに対して与えることができるだろう。

第三者評価の問題点（回答数の多い順）

また，同議会のコーポレートガバナンス・グループの報告書では，第三者評価の問題点は以下のとおりとなっている（以下，回答数の多い順に記載）。

① コストがかかり時間などのリソースが必要となる
② 評価者が企業に対して十分に理解していないリスクがある
③ 企業固有の状況に対応した評価がなされなかったり，評価の内容に深みがないリスクがある
④ 評価者と企業の間に利益の相反があることがある，また，評価者が匿名性について十分に機密を維持してくれない可能性がある

なお，同報告書では，①のコストに関連して，あるFTSE250社の社内取締役は，第三者評価のフィーは50,000ポンドから100,000ポンドのレンジである，と述べている。④の利益相反については，第三者機関が評価以外の追加的なサービスの購入を要求してくる可能性が，報告書で指摘されている。

投資家から見る自己評価と第三者評価

　一方投資家は，自己評価と第三者評価の比較について，どう評価しているのだろうか。モロー・ソダリ社が，2019年に世界の主要なグローバル投資家46社に対して行った調査では，どのような形式の取締役会評価が最も実効性があるかについて，投資家にたずねている[9]。この調査では，**図表4－1**にあるように，投資家は，自己評価，第三者評価を共に実効性があると判断しているという結果になっている。

【図表4－1】投資家から見る評価の手法

評価の手法	最も実効性があると答えた投資家の割合
第三者評価	24%
自己評価	9%
両方とも同様に重要	67%

④　第三者機関の状況

　現在，日本では，第三者評価を行っている主な機関は，独立系コンサルティング会社，信託銀行の証券代行部，監査法人のコンサルティング部門，エクゼクティブ・サーチ企業などである。ただし，ほとんどの企業が第三者機関の名前を開示していないため，これらに関する公表データはない。そのため，第三者機関の状況を理解するには，2010年から市場が大きく拡大している英国の第三者評価の市場状況を見るのが一番参考になるだろう。

第三者機関の市場の状況

　第三者評価がコーポレートガバナンス・コードに導入されたのは，2010年であるが，同年に実施されたICSAの調査[10]では，83社が第三者評価を実施し，

9　Morrow Sodali, *Institutional Investor Survey 2019,* 2019, p.9（https://www.morrowsodali.com/uploads/insights/attachments/ae189c6414e1ef6b0eed5b7372ecb385.pdf）.
10　ICSA, *Board Evaluation-Review of the UK Top 200 Companies 2012,* April 2013..

うち68社が第三者評価を支援した企業・人物を公表している。その数は20にのぼっており，大半が独立系の取締役会評価・コーポレートガバナンスのコンサルティング会社である。評価者の具体的な内訳と評価企業数は，Boardroom Review：15社，Lintstock：13社，Independent Audit Limited：7社，ICSA：7社，Egon Zehnder：5社，その他，となっており，多くの評価を支援している数社の第三者機関と，そうでない機関にわかれている。英国では第三者機関の独立性が強く求められていることから，日本と比較すると，独立系のコンサルティング会社が多いことが特徴的であった。

その後の評価機関の状況の推移を見ていこう。2018年の時点では，評価機関においてさらに寡占化が進んでいる。グラント・ソントン社が2018年に行った調査によれば，FTSE350企業の評価結果（決算期末が2017年4月から2018年4月の間の企業の開示に基づく）では，32の第三者機関がいるが，4機関が全体の63％の評価を行っており，そのすべてが独立系のコンサルティング会社である。そして，一位の機関1社で全体の30％以上の評価を支援していることが明らかになった[11]。同報告書では，特定の評価機関が独占的に評価を行うことにより，取締役会の実効性に対して評価が新しい視点を持ち込めないのではないかという懸念が示されている。

同様の調査として，ミネルバ・アナリティクス社が2018年に行った調査がある。同調査は2017年度のFTSE350社の開示結果に基づいており，上記のグラント・ソントン社とは調査時期が少しずれているが，そこではより詳細なマーケットシェアが，**図表4−2**のように記載されている[12]。これらの第三者機関の多くは，取締役会評価に特化した独立系のコンサルティング会社である。

---

11 Grant Thornton, *Corporate Governance Review*, 2018, p.38（https://www.grantthornton.co.uk/globalassets/1.-member-firms/united-kingdom/pdf/documents/corporate-governance-review-2018.pdf）.
12 Minerva Analytic, *Regulatory Briefing Board Evaluation in Europe*, February 2019, p.11.

【図表4－2】英国の第三者評価の市場の状況

第三者機関の名前	FTSE350企業におけるマーケットシェア
Lintstock	33.33%
Independent Board Evaluation	24.24%
Boardroom Review	9.09%
Independent Audit	9.09%
Manchester Square Partners	9.09%

　この調査でも，グラント・ソントン社の調査と同様に，少数の第三者機関による寡占状況が示されており，上位5社が全体の85％を占めるという結果になっている。ただし，第三者評価を行う企業はコード適用対象のFTSE350企業にとどまらずより多くの上場企業にも広がっている。それらのより小規模な企業まで含めると，上記以外の第三者機関の割合が増え，寡占状態はやや緩和されるとのことである。なお，2019年のグラント・ソントン社調査によれば，直近では寡占状況にやや変化が見られている。特定の第三者機関が多くの企業を支援している状況には変わりがないが，その集中の度合いが減り，新しい機関も参入している[13]。

第三者評価者を選ぶ際の留意点

　FRCは，取締役会の実効性に関するガイダンスにおいて，第三者機関を選ぶ際の取締役会議長が留意すべき点として以下をあげている。

第三者機関選定における留意点

・取締役会評価が何を提供するかについて明確であること。各評価機関の方法や経験，費用，アプローチは，評価機関によって大きく異なる。
・取締役会が第三者機関について合意した要件に照らして，評価に関わる各個人のスキル，能力，実績調査結果について，査定する。

13　Grant Thornton, *Corporate Governance Review 2019*, 2019, p.49 (https://www2.grantthornton.co.uk/rs/445-UIT-144/images/Corporate%20Governance%20Review%202019%20%28LP1%29.pdf).

> ・既存のビジネス上の関係やその他の関係に留意する，そして，独立した判断を下せる第三者機関を選択する。
> ・第三者機関と，目的と評価の範囲，評価について期待される質，価値，期間について合意し，それを取締役会に伝える。

　また，同ガイダンスでは，第三者評価のプロセスは以下の内容が望ましいとしており，そのような評価を提供することができる第三者機関の選定が重要であるとしている。

第三者機関のプロセス[14]

・推奨内容は建設的で有意義で前向きであること
・明確な一連の提言とアクションがあること，そして，第三者機関が取締役会と合意した結果に対する進展の検証のための期間があること
・取締役会以外例えば，株主，取締役と定期的に交流している経営幹部，監査法人，その他のアドバイザー，従業員からの見解も含んでいること
・取締役個人と議長の相互評価と各取締役へのフィードバックを含むこと
・他社においてみられる優れた実践について共有すること
・第三者機関は，取締役同士，そして取締役と経営陣及び議長との間の意思の疎通を観察すること
・取締役会に提供された情報の質に関する徹底した分析があること
・各取締役会メンバーに対してフィードバックがなされること
・取締役会は，取締役会における構成，多様性，スキル・ギャップ，刷新，そして，後継に関して，それが適切であると検証されること

14　この2018年のガイダンスでは，これまでの英国での第三者評価と異なり，取締役会に関する見解を求める先が取締役会やその直接の関係者を超えて従業員にまで広がっている。また，相互評価の必要性が強調されている。前者については，2018年に改訂されたコーポレートガバナンス・コードで，取締役会と従業員との関係の強化が強調されていることを反映していると考えられる。

第5章

取締役会評価と取締役会の実効性

　取締役会評価の結果は取締役会の実態を正しく反映しているのか，そして，取締役会評価を行うことで取締役会の実効性が向上するのかは，企業にとっても，投資家にとっても重要な問題である。本章では，評価の結果がどの程度取締役会の実効性を反映しているのかについて，まず検証する。次に，取締役会評価の実施がどのように取締役会の実効性向上に結び付くのかについて説明する。

5.1 | 取締役会評価の結果と取締役会の実効性との関係

　取締役会評価を支援している筆者のもとには，「当社の取締役会の実効性は他社と比較してどの程度なのか。当社の評価の結果は，他社，あるいは，平均と比べて，どれくらい優れているか，劣っているかを知りたい。」などの要望が，寄せられることがある。

　評価の質問票においては，取締役会の現状がポジティブかネガティブかについて，各項目において3～5個の選択肢の中から選択して回答する手法がとられることが多い。ポジティブな回答であれば高い点数，ネガティブな回答であれば低い点数とするなどして，これらの回答結果を数値化し，他社と比較することは可能である。ただし，その結果が取締役会の実効性の状況を正しく反映しているかどうかは別の問題である。

　この点については，ジェイ・ユーラス・アイアールとみずほ信託銀行の共同調査において検証を行っている[1]。同調査では，ジェイ・ユーラス・アイアールとみずほ信託銀行がそれぞれ評価を支援した企業の質問票の回答結果に基づき（対象企業46社，回答役員597名），共通する質問項目について回答結果を数値化して比較を行った。なお，この回答結果は，取締役会構成員が自らの取締役会の実効性を評価した結果であり，第三者が取締役会を評価したものではない。

　同調査では，**図表５－１**にあるように，調査対象企業を，コーポレートガバナンスやIRに関して過去５年間において受賞歴がある企業をグループ１，それ以外の企業をグループ２に分けている。それぞれの企業グループの特徴は**図表５－１**に示すとおりである。グループ１は，グループ２と比較して，外国人持ち株比率がより高く，ROEの過去３年間の平均もより高く，社外取締役の比率もより高くなっている。また，コーポレートガバナンス報告書における取締役会評価に関する記載も，グループ１のほうが多くの字数で課題も含めてより詳細に報告している。

【図表５－１】企業グループの特徴

企業グループ	外国人持ち株比率	過去３年間の平均ROE	社外取締役の比率	CG報告書の評価箇所の記載文字数
グループ１	33.7%	9.8%	43.4%	574
グループ２	12.6%	6.7%	24.4%	341

　これらの企業の回答結果を，評価項目ごとに数値化して比較したのが（ポジティブな評価であるほど点数が高い，ネガティブな評価ほど点数が低くなる），**図表５－２**である。すべての項目において，IRやコーポレートガバナンスに熱心に取り組んでいるグループ１のほうが点数が低い結果となっている。

1　岩田宜子・森央成・磯野真宇「取締役会評価の現状分析と今後の課題」『商事法務』2017年12月５日号（No.2152），24～28頁。

【図表5－2】企業グループの評価項目ごとの平均点

評価項目	グループ1平均	グループ2平均	全体平均
取締役会の役割・機能	3.3	3.4	3.3
取締役会の規模・構成	3.8	4.1	4.0
取締役会の運営	3.2	4.0	3.8
監査機関等の連携	3.1	4.0	3.8
社外取締役との関係	3.2	3.8	3.7
株主・投資家との関係	2.9	3.7	3.4

　図表5－3は，これらの結果の分布状況を示したものである。

【図表5－3】評価項目の点数分布

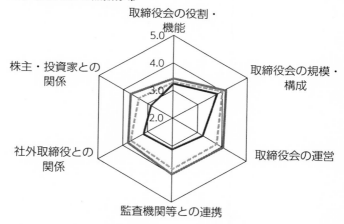

　この結果は，コーポレートガバナンスやIRに真摯に取り組んでいるグループ1の企業のほうが，自社の取締役会に対する評価がより厳しいことを示している。おそらく，グループ1の企業においては，自らの取締役会の実効性について高い目標を持っているため，その目標と比較した現状を厳しく評価していると考えられる。一方で，設定された目標が高くない場合には，取締役会の現状に対する評価が高くなる傾向があると思われる。このように，定量的な評価の結果は，取締役会の実態とは必ずしも一致していない。

　この例に見られるように，単純で表面的な手法による評価の結果は取締役会の実態を反映しないことが多く，その実効性を測るうえでは意味があるものとは言えない。ただし，同じ企業において取締役会の状況の推移を時系列で見る場合は，定量的な結果の比較は一定の意味があるだろう。

　たとえば，評価によって課題が明確になり，それを1年かけて取り組み，翌年に改めてその内容を検証するという場合がそうである。課題として認識され改善が図られた項目は，翌年はより高い評価を受ける。ただし，ここで気を付けなくてはならないのは，毎年すべての項目が常に右肩上がりとなり，前年より高い評価を得ていくわけではないということである。経営や事業の変化により企業には常に新たな課題が生まれる。

　また，取締役会の実効性を高める努力の過程で，現状に満足せず常により高い目標を掲げる企業もある。このような状況では，前年より低い評価結果となるケースも少なくないだろう。定量的な評価結果は，その重要性と同時に限界を認識しながら，活用することが必要である。

　以上から，取締役会の実効性の状況を正確に把握するためには，各企業のありたい企業の姿，ありたい取締役会の姿を念頭に，企業が置かれた状況，取締役会のステージを踏まえた個別的・定性的な評価を行うことが不可欠であると言える。

5.2 ｜ 取締役会評価と企業不祥事

　取締役会評価の結果と取締役会の実態の関係について，もう1つの事例に基づいて説明する。取締役会が適切に機能していなかった場合，最悪のケースでは企業破綻に至るが，そこまでいかなくても，企業価値を大きく棄損する不祥事に直面する企業は，海外でも国内でも少なくない。ここでは，最近の国内の例として，2018年に不正融資が発覚し取締役会と経営陣の責任が問われた金融機関における取締役会評価の内容を分析する。同社のコーポレートガバナンス

報告書には，取締役会評価の結果が開示されているが，その開示内容の推移を見てみよう。

　2017年6月に発表された，2016年度の取締役会評価の開示は以下のようになっている。

> **【補充原則4－11③】**
> 　取締役会は，昨年度に引き続き，本年度も取締役会の役割，運営，構成および事務局の対応等について各役員に対するアンケートを踏まえ，2016年度取締役会の実効性評価を実施しました。実効性評価の結果につきましては，次のとおりです。
> 　当社の取締役会は，多様な知見・専門性を備えたバランスの取れた構成のもと，取締役会の役割・責務を取締役会メンバー各々が共有し，意思決定・監督機能の両機能を十分に発揮しています。
> 　また，2016年4月長期経営ビジョン「Aim25」をスタートさせ，新鮮化されたOur Philosophy（私たちの価値観・ビジネステーマ）のもと組織改革を実施するなど，当社が定めるコーポレートガバナンスに関する基本方針に基づき適切に運営され，実効性を確保できていると評価しています。
> 　当社の持続的な成長と中長期的な企業価値の一層の向上を目指すため，PDCAサイクルを繰り返し，各種情報提供を適切に行なうことにより，取締役会における審議のこれまで以上の効率化とさらなる実効性向上に向け，引き続き取り組んでまいります。

　その1年後の2018年7月18日に開示された2017年度の取締役会評価の内容は，以下のように，前年とほぼ同じ文章となっている。

> **【補充原則4－11③】**
> 　取締役会は，昨年度に引き続き，本年度も取締役会の役割，運営，構成および事務局の対応等について各役員に対するアンケートを踏まえ，2017年度取締役会の実効性評価を実施しました。実効性評価の結果につきましては，次のとおりです。
> 　当社の取締役会は，多様な知見・専門性を備えたバランスの取れた構成のもと，

88

取締役会の役割・責務を取締役会メンバー各々が共有し，意思決定・監督機能の両機能を十分に発揮しています。

　また，2016年4月長期経営ビジョン「Aim25」をスタートさせ，「私たちの価値観」（ビジネステーマ）のもと組織改革を実施するなど，当社が定めるコーポレートガバナンスに関する基本方針に基づき適切に運営され，実効性を確保できていると評価しています。

　当社の持続的な成長と中長期的な企業価値の一層の向上を目指すため，PDCAサイクルを繰り返し，各種情報提供を適切に行なうことにより，取締役会における審議のこれまで以上の効率化とさらなる実効性向上に向け，引き続き取り組んでまいります。

　しかし，その1月後の2018年8月3日に改訂された報告書が発表され，そこでは以下のような記載がなされている。

【補充原則4−11③】
　当社は，2018年3月，取締役会の役割，運営，構成および事務局の対応等について，各役員に対するアンケートを実施しましたが，アンケート実施以降シェアハウス等関連融資の調査を進めたところ，アンケート実施時点と事実認識が大きく異なり，その結果の分析，評価を行なうことができませんでした。今後は，「企業文化・コーポレートガバナンス改革委員会」の勧告等に基づき，取締役会の実効性評価の方法，内容，分析，評価，開示等について見直し，改善を行なってまいります。

【補充原則4−12①】
　当社は，取締役会の議題の事前の周知は徹底されておらず，取締役に対する十分な情報提供も行なわれておりませんでした。今後は，取締役会資料はもとより，それ以外の重要な情報についても，要点を把握しやすいように整理・分析した形で事前に提供してまいります。

【原則4−14】
　当社の取締役会において，取締役，監査役に適合したトレーニングの機会の提供，斡旋，支援等の対応は十分ではありませんでした。今後は，「企業文化・

コーポレートガバナンス改革委員会」の勧告等を受け，新任の取締役，監査役に限らず，個々の取締役，監査役に対してそれぞれに適合したトレーニングを実施するべく検討を行なってまいります。

そして，1月後の2018年9月7日に，同社に対する第三者委員会による報告書が公表された[2]。同報告書では，取締役会が実質的な審議機関，監督機関として認識され位置づけされていなかったとして，その実態について説明している。具体的には，「取締役会の所要時間は1時間程度であり，かつ，多くの決議・報告事項があげられており説明だけで終わっていたと考えられる。また，議題の内容については，十分な情報が提出されておらずそれに基づき議論を行うのが難しい状況であったこと，議論の状況に関しては，議案に対して反対の意見が出たことはないし，修正の意見，情報の更なる開示を求める意見，継続審議を求める意見などは出たことがなかったようであった。」としている。

また，取締役会評価については，2015年度から2017年度までの評価結果について以下のように報告されている。

「CGコードに従い，（同行は）取締役会の実効性評価をしている。評価は，各役員へのアンケート調査によるものとしているが，2015年度および2016年度では，各質問項目とも，満足度の高いものとなっている。質問項目は「重要な業務執行の決定はOur Philosophy」を踏まえたものになっているか」（「そう思う」・「まあそう思う」併せて100%），「審議に必要な情報が適時適切に提供されているか」（同100%）などとなっている。2017年度分は，本事案の発覚のため，停止している。」

以上の内容から，同報告書は，評価が実態を反映していないものであったこ

2　スルガ銀行株式会社　第三者委員会『調査報告書(公表版)』2018年9月7日（https://www.surugabank.co.jp/surugabank/kojin/topics/pdf/20180907_3.pdf).

とが結果的に判明したと述べている。取締役会評価を実施しても形式的・表面的な評価である場合は，取締役会の実効性との関連性は薄いことが明らかとなった[3]。このような形式的な評価を行っても，企業が困難な状況に陥ることを防ぐことはできない。この点については，2018年10月にニューヨークで開かれたICGNのコンファレンスで，英国FRCのCEOであるスティーブン・ハドリル氏も，以下のように語っている。

「取締役会評価は，もし取締役会と取締役会議長が正しい精神を持っていれば，本当に役にたつことができる。しかし，もしそうでなければ取締役会は機能しないし，評価は取締役会を新しくしたり変えたりすることはできない。（そのような状況を踏まえ）取締役会評価の報告を行うことが非常に重要である。なぜならば，それが投資家のアクションのきっかけとなる。もし報告の内容が貧弱であればそのようなアクションは起こらないだろう。そのため，FRCは，企業に対して第三者評価についてもっと情報を提供するよう要請している。」

取締役会評価は，取締役会自らが高い意識を持ち徹底した評価を行ってはじめてその実効性向上につながること，そして，評価の内容に関する十分な開示を行い投資家に示すことが重要であるとの考えを示している。

5.3 取締役会評価がもたらすもの

次に，取締役会評価の実施がどのように取締役会の実効性向上につながっていくのかについて説明する。評価の意義は大きく分けて次の2つがあげられる。

3　なお，2019年6月28日に公表された同行のコーポレートガバナンスに関する報告書によれば，2018年度の取締役会評価では，無記名式のアンケートおよび取締役会顧問弁護士によるインタビュー（希望者）による手法を採用し，より実質的な評価を行っている。

①　評価を実施することによる取締役会構成員の意識の一体化
②　評価による課題の明確化と対応

　①にあるように，取締役会構成員の意識を1つの方向に合わせることができるという意味で，取締役会評価は大きな役割を果たす。取締役会評価を実施することによって，取締役会において，自社の取締役会に関する重要なポイントについて確認し，その内容をメンバー間で共有することが可能となる。

　たとえば，評価の結果を受けて，当社の取締役会はどうあるべきかについて本質的な議論を行い内容を共有する（すでにあるべき姿について合意がある場合は，再度確認する）。そして，そのような取締役会を実現するために，取締役会の規模・構成はどうあるべきか，社外取締役・社内取締役・議長の具体的な責務はどうあるべきか，などについてメンバーの考えを確認し，同じ方向にまとめていくことができる。各取締役にとっても，評価は，自身がその目標に対してどの程度貢献しているのかを振り返る良い機会となる。

　②については，評価によるPDCAという表現でしばしば語られている。取締役会評価を行うことで課題を明らかにし，それに取り組み適切なアクションをとることで取締役会の実効性を継続的に高めることができる。

　この①と②は「未来・変化を志向した評価」と「課題対応・PDCA対応を志向した評価」と言い換えることもできるだろう。前者においては，自社の事業や経営において長期的に目指す姿を達成するために，どのような取締役会であるべきか，取締役会はどのように変化すべきかについて，取締役会メンバーにおいて将来に向けた認識を共有することを目指す。後者においては，過去・現在の取締役会の実態を検証し，課題を明らかにし対応する。取締役会評価においては両方とも重要な要素である。

　ただし，後者の「課題対応・PDCA対応を志向した評価」においては，評価に対する姿勢によっては問題が生じることがある。ある企業においては，

PDCAサイクルを重視するあまり，常に課題・問題点を注視し，同社の取締役会が持つ強みについてはそれほど注意を払わないというケースがあった。しかし，取締役会の状況は，事業の環境や戦略，執行の姿勢，取締役会メンバーの構成，その他さまざまな要素により変化する流動的なものであり，現在の強みが将来も続くとは限らない。そのような強みを今後もどう維持するかということも評価の重要なポイントである。また，課題の明確化と対応により取締役会は着実に変化していくが，取締役会の運営のテクニカルな項目（例：資料の内容・量，説明の時間など）における課題の抽出に注力する一方で，取締役会の今後の監督機能の在り方に大きな影響を与える取締役会の構成（社外取締役の構成，社内取締役の構成など）については評価の対象項目とすることを避けるなどした結果，限定された範囲内での変化・改善となるという例もあった。

　どのような評価を目指すかは，企業がおかれた状況によって異なるだろう。安定的で変化があまりない経営環境のもとであれば，未来への志向性や評価の範囲が限定的な取締役会評価であっても，期待された効果を得ることは可能だろう。一方で，急速な変化の中にある・今後大きな変化が予想される企業においては，過去・現在の延長のみならず，将来から現在を見るという観点からの評価も重要となるだろう。

5.4 | 取締役会事務局から見る取締役会評価の役割

　また，評価の機能・役割について，取締役会事務局からの興味深い指摘もある。取締役会事務局は，取締役会評価の実務を支える重要な部署であるが，その事務局の視点から，取締役会評価の意義と実際を分析した報告書が出されている。同報告書においては，日本コーポレート・ガバナンス・ネットワークの取締役会事務局懇談会の有志（７社）が，それぞれの企業の事例を持ちより，取締役会評価の活用について分析し，その結果が公開されている[4]。
　それによれば，取締役会評価が持つ意味合いは，企業及び取締役会の風土に

よって異なるとのことである。たとえば，通常は発言・議論が控えめな企業に
おいては，取締役会評価は，メンバー間で共有されているものの，これまで取
締役会では明かにされなかった課題が顕在化する役割を果たす。一方で，平素
より活発な議論が行われている取締役会では，取締役会評価ではじめて認識さ
れる意見は少なく，むしろ，すでに取締役会において表明されていた意見を，
評価のプロセスを通じて再整理しまとめるという機能を，取締役会評価は持っ
ているとされている。

4　日本コーポレート・ガバナンス・ネットワーク取締役会事務局懇話会有志「取締役会評
　価の活用と取締役会のPDCAサイクル―取締役会事務局の話す役割―」『商事法務』2019
　年4月5日号（No.2195）。

第6章

取締役会評価の事例から見る
取締役会の課題と対応

　この章では，評価の開示例に基づきながら，取締役会がどのような課題を抱え，それをどのように解決しているのかについて，検証する。取締役会評価を単なるコード対応のプロセスではなく，取締役会の実効性を高めるために行うという目的意識を持った企業では，評価の結果を受けて，目指すべき姿の確認とそれを可能とする取締役会の構成や運営について，取締役会においてさらなる議論が行われることが多い。以下，日本企業の開示例と筆者の経験から，企業が課題とその解決にどのように向き合っているかを説明する。

6.1 開示の事例から見る課題と対応

　まず，JPX400社の中で東証一部及び二部に上場している企業397社のうち評価を実施している企業について，2019年7月15日時点のコーポレートガバナンス報告書の取締役会評価の開示から，それぞれの課題とその対応について分析する。397社のうち評価実施企業は369社であるが，それらの企業のうち課題について開示している企業は224社（評価実施企業369社の61％）であった。それらの課題をタイプごとに分類した結果が以下のとおりである。なお，1つの企業が複数の項目に該当する場合も含む。

【図表６−１】取締役会評価の開示から見るJPX400企業の課題　上位５項目

課題の内容	企業数	課題開示企業（224社）に占める割合
取締役会の議論	140社	62.5%
取締役会の運営	114社	50.9%
取締役会の構成	43社	19.2%
社外役員に対する情報提供	39社	17.4%
サクセッション・プラン	36社	16.1%

　また，PwCあらたによる調査によれば，Topix100企業において2019年８月11日時点のコーポレートガバナンス報告書において記載されている課題の内容は図表６−２のとおりである[1]。上記のJPX400企業における開示と同様に，取締役会の議論，取締役会の運営が上位にあがっている。

【図表６−２】取締役会評価の開示から見るTOPIX100企業の課題上位６項目
　　　　　　（複数回答）

課題の内容	企業数
取締役会の議論 （中長期的な議論の必要性とその実施方法22社・取締役会の在り方に関する議論19社を併せて41社として計上）	41社
取締役会の運営	39社
指名・報酬に対する監督	19社
社外取締役への情報提供	19社
取締役会の構成	14社
内部統制／リスクマネジメント	14社

　なお，本書の最後の参考資料の項で，課題とその取組みについて詳細な説明を行っている企業の開示例を示している。

1　PwCあらた有限責任監査法人「最近の開示から読み解く取締役会の実効性評価の現状」
　2019年９月17日（https://www.pwc.com/jp/ja/knowledge/column/corporate-governance/
　vol22.html）。

6.2 ｜ 第三者評価の事例から見る課題と対応

　取締役会の状況は企業によりさまざまであるが，一方で共通する課題もある。ここではそれらの中から，社外取締役，社内取締役，議長，委員会，経営会議に関する課題を取り上げ，筆者のこれまでの評価における経験を踏まえながら説明する[2]。

①　社外取締役に関する課題

　社外取締役がその責務を適切に果たすためには，企業の事業・経営に対する十分な理解のもと，取締役会で議論を行い意思決定ができるかどうかがポイントである。多くの企業において，社外取締役及び執行側が共に試行錯誤しながら，そのような体制を築きつつある。一方で，まだ十分な取組みがなされていない課題として，社外取締役の構成と選任に関する問題がある。

社外取締役の構成①　スキル・マトリックスに対する考え方

　指名委員会，あるいは，取締役会で，社外取締役，あるいは社外取締役を含めた取締役会全体の構成に関する議論を行う際には，自社の中長期的な経営の方向性をベースに，自社にとってどのような資質・経験を持った取締役が必要なのか，どのような構成が最も適切なのかを考えることになる。そのような議論のベースになるのは，取締役会のスキル・マトリックスである。しかしながら，現時点では，そのようなマトリックスをもとにした議論を行っている日本企業は限定的である。

　一方で海外企業においてはそのようなマトリックスを開示しているところが多い。以下，その詳細について説明する。米国の企業では，SECの規則により，

2　日本企業の取締役会評価が抱える課題については，高山与志子「取締役会評価の実際と課題」『証券アナリストジャーナル』53巻11号（2015年11月），39〜48頁においても説明している。

各取締役の資質，特性やスキルを招集通知に記載することが求められているため，スキル・マトリックスを記載し，取締役選任議案に投票する投資家の重要な参考資料としている企業が少なくない。

　2019年には，フォーチュン100企業のうち4分の3がスキル・マトリックスを開示しており，2015年の11％から大幅に増えている[3]。また，英国においても，コーポレートガバナンス・コードで取締役の構成の重要性が強調されている。FRCがコードとあわせて提示している取締役会の実効性に関するガイダンスで「戦略を実行し将来の困難に立ち向かうために必要なスキルセットと比較した現在のスキルセットを記載したスキル・マトリックスは，スキル上のギャップを明確にするうえで有効な方法であり，役割の評価やサクセッション・プランのために有益な手段である。」と，その作成と提示を奨励しているため，多くの英国企業が，各取締役の資質・取締役会全体の資質の構成・分布について年次報告書で説明している。

　また，投資家側もそのような開示を歓迎している。グローバルな機関投資の団体ICGNはそのグローバル・ガバナンス原則において，

　「取締役会は，取締役の指名及び選任・再任のプロセス，並びに以下を含む取締役候補についての情報を開示すべきである。

　a）取締役の氏名等と指名の理由
　b）主な能力，資質及び職歴
　c）他社における最近及び現在の取締役会及び経営陣としての任務及びNPOや公益団体における同様の役割
　d）独立性に影響を与える要素（支配株主との関係を含む）

3　EY Center for Board Matters, *Five Takeaways from the 2019 Proxy Season*, 2019, (https://assets.ey.com/content/dam/ey-sites/ey-com/en_us/topics/cbm/ey-cbm-2019-proxy-season-preview.pdf).

e）　在任期間の長さ

f）　取締役会と委員会における出席状況

g）　当該企業の株式の保有

　この開示をスキル・マトリックスにまとめると，取締役会全体の主要スキルを説明するための方法を考える際に効率的な手段となりうる。」

としている[4]。米国の期間投資家の団体であるCIIは，望ましい開示として，「各候補者が，望ましい資質，属性，スキル，経験の分野において適合しているかどうかを示すスキル・マトリックス」を推奨している[5]。参考までに，同報告書で良い開示の一例として紹介されているマイクロソフト社のスキル・マトリックスは，**図表6－3**のようになっている。

　また，モロー・ソダリ社が2018年に実施した機関投資家サーベイ（49社が回答，回答した投資家の総運用資産額は31兆ドル）では，取締役の選任議案への議決権行使において，取締役会のスキル・マトリックスが重要であると回答した投資家が78％に上った[6]。ただし，マトリックスは取締役会の基本的な情報を理解するための出発点でありそれだけでは十分ではない。それらの情報をもとにより包括的な対話を企業と行うことを投資家は望んでいる。

4　ICGN, ICGN *Global Governance Principle*, 2017, p.16 (http://icgn.flpbks.com/icgn_global_governance_principles/ICGN_Global_Governance_Principles.pdf).

5　Council of Institutional Investors, *Best Disclosure: Director Qualifications & Skills*, February 2014, p.5 (https://www.cii.org/files/publications/governance_basics/04_28_14_best_disclosure.pdf).

6　Morrow Sodali, *Institutional Investor Survey 2018*, 2018, p.14.

【図表6－3】マイクロソフト社の取締役会のスキル・マトリックス（2013年）

経験・専門知識・属性	取締役氏名								
	Ballmer	Gates	Dublon	Klawe	Luczo	Marquardt	Noski	Panke	Thompson
テクノロジーデバイス・サービス	○	○		○	○	○	○		○
リーダーシップ	○	○		○	○			○	○
グローバルビジネス	○	○	○				○	○	○
財務	○		○	○		○	○	○	○
M&A	○	○	○			○	○	○	○
上場企業における取締役とガバナンスの経験	○	○	○	○	○	○	○	○	○
セールス・マーケティング	○				○			○	○
研究・アカデミア				○					
人種・ジェンダー・国籍・その他の多様性		○	○					○	○

　英米の場合は，社外取締役が大半を占めているため，スキル・マトリックスは事実上，社外取締役のスキル・マトリックスとなる。日本では，社外取締役がまだ少数であるため，そのような例はまれだが，半数近く，あるいは，それ以上が社外取締役である日本企業においても，少しずつ開示が進んでいる。たとえば，指名委員会等設置会社である荏原製作所（取締役11人中7人が社外取締役）は，招集通知において下記のように記載している。

　「会社経営の観点から当社にとって重要と考えられる知識・経験を，「法務・リスク管理」「人事・人材開発」「財務・会計，資本政策」「監査」「当社における個別事業経営」「企業経営，経営戦略」「研究・開発」「環境」「社会」「内部統制・コーポレートガバナンス」の分野と定義し，すべての分野について適切な知見を有することに加えて，当社として特に期待する分野を定めたうえで取締役候補者を指名しています。」

　そして，そのうえで，社内・社外を含めた各候補が「当社として特に期待する分野」のどの部分についての知識・経験を有しているかを記載したスキル・

マトリックスをあわせて提示している。

　日本企業でこのようなスキル・マトリックスを提示する企業が限定的な理由
としては，いくつか考えられるが，1つは，社外取締役が自分自身を評価の対
象にすることに慣れていない点があげられる。特にスキル・マトリックスのよ
うな一定の型にはめるような形での評価を望まない社外取締役も少なくないだ
ろう。また，同マトリックスを作成する際には，1人が総花的にすべてのスキ
ルを有しているというのではなく，当該候補が該当する箇所のみを記載するの
が一般的である。しかし，その場合に，スキルがあるとみなされていない項目
についてはどう考えるべきかなど，社外取締役への説得が難しいケースも散見
される。

　しかし，このように企業のあるべき姿を考え，それに適合する取締役会の経
験・知識に関する構成を決め，そのもとでメンバー構成の現状と理想のギャッ
プを明確にする作業を行うことは，取締役会や指名委員会において，社外取締
役の指名プロセスの透明性を高め，実効性を上げることにつながる。

社外取締役の構成②　ジェンダー・ダイバーシティに対する考え方

　2018年に改訂されたコーポレートガバナンス・コードで，ジェンダーのダイ
バーシティが強調されていることを受けて，女性の取締役に対する関心が日本
企業の中で高まっている。ただし，東京商工リサーチの直近の調査では，上場
企業2,316社の2019年3月期決算の役員総数2万6,664人のうち，女性役員は
1,319人，構成比4.9％となっている[7]。なお，役員には，会社法上の取締役，執
行役及び監査役などが含まれているため，女性取締役だけの割合を見るとさら
に低くなる。

　また，女性役員が1人もいない上場企業は1,336社，構成比57.6％と，6割近
くになっている。女性が管理職に占める割合が限定的な企業が多く取締役候補

7　東京商工リサーチ『2019年3月期決算上場企業2,316社「女性役員比率」調査』（https://
www.tsr-net.co.jp/news/analysis/20190801_03.html）。

となる女性の人数が社内では限定的であるため，女性の取締役候補を選任する場合，多くは社外取締役という位置づけになる。

　筆者が支援した企業においても，女性取締役が加わっていない企業が多くあった。それらの取締役会においては女性の取締役を加えたいとの意識は非常に強かったが，人材が不足していることを理由に適切な候補を見つけることができないとの意見も多かった。ジェンダーの多様性を重視しつつも慎重な意見としては，以下のようなものがあった。

　「全体で見れば取締役にも女性が1人いたほうが好ましいと思うが，単純に多様性があればいいという話ではない。取締役会は議論し重要な意思決定をしていく場であるので，取締役のこれまでの経験・知見のほうがより重要である。」

　「社外取締役の中で多様性を持たせることができるのなら持たせたほうがよい。ただし，まず，何のために多様性を持たせるのかについてもっと議論しなければならない。そのような議論をすれば，当社が社外取締役に求める属性が明確になってくる。」

　「コーポレートガバナンス・コードを遵守するために，女性や外国人を迎えよう，まずそれありきだ，というのは本末転倒である。本来は，当社にとってどのような取締役が必要なのか，どのようなメンバー構成がよいのかをまず考える。その結果，ふさわしい候補が女性だったというのが，本来の姿である。」

　一方海外では，女性の取締役を増やすためのさまざまな試みが行われている。欧州大陸ではイタリアやフランスのように，法令で女性の取締役を40％など一定数以上にすることを求めており，罰則規定を設けているところもある。一方で，英国や米国では，そのような法規定はないが[8]，企業と投資家が30％クラブ

という団体をつくり，30％以上の女性の取締役比率を目指すなどの努力が行われている。

　女性の比率については，筆者は海外投資家から，しばしば30％，3人という数字を聞いた。その際，よく用いられていたのは，「女性取締役が1人だけの場合は，A Token Woman（ジェンダーの多様性を示すために置かれた形式的な存在の女性）になる可能性がある。2人となってもまだ少数派である。しかし，3人になると実効性が高まる。」という表現である。このような考え方は，現在の社外取締役の人数・割合に関する日本の議論（例　社外取締役は3分の1以上必要である）にも共通するところがあるように思われる。なお，上述の30％クラブは日本でも2019年5月より30％クラブジャパンとして活動をはじめ，TOPIX100の取締役会に占める女性割合を2020年に10％，2030年30％にすることを目標に掲げている。

社外取締役の選任

　多くの社外取締役が，これまでの経営者や専門家としての経験，社外取締役としての経験に基づき，当該企業の状況に対する深い理解のもと，その監督機能を十分に発揮し企業価値の向上に貢献している。そのような社外取締役を有している企業において課題となるのは，現在の社外取締役が退任した後，取締役会全体において，どのようにして現状と同レベルの実効性を維持する仕組みをつくっていくかという点である。この課題を解決するには，社外取締役に関する明確なサクセッション・プランを策定し，それに基づいて適切な社外取締役候補を常に選任することが可能な枠組みが必要となる。

　社外取締役の選任プロセスにおいては，指名委員会が中心的な役割を果たすことが期待されている。現在，日本企業の指名委員会においては，CEOの選任について議論を重ねているところが増えている。一方で，社外取締役の選任

8　ただし，英国ではコーポレートガバナンス・コードで，ジェンダーの多様性が求められている。

においては，CEOをはじめとした執行チームが探してきた候補を同委員会で承認することが多く，委員会メンバーの社外取締役自らが人選の最初のステージからある程度のイニシアチブをとって関与するケースはほとんどないようである。

　この数年間，社外取締役の数は大幅に増えたが，現在のほとんどの社外取締役はCEOからの依頼を受け，それに応えて就任している。そのような中，今度は自分が中心となって社外取締役の構成，選任を考えることに，心理的な抵抗感を抱く社外取締役も少なくない。対照的に，英米では，社外取締役のみからなる指名委員会の議論を経て社外取締役が選任されている。このような海外の状況と比較して，日本の現状は過渡期にあると言えるだろう。

②　社内取締役に関する課題

　社内取締役の課題は，異なる役割・機能を同時に果たすことが期待されていることである。多くの社内取締役は，事業の責任者として執行を行うと同時に，取締役として執行に対する監督も行う。取締役会では全社的な視点・監督の視点での議論が求められるが，社内取締役においてはその発言は限定的となることが多い。社内取締役の議論の状況については，**第7章**でさらに解説する。各社においては，このような状況にどのように対応するかはまだ試行錯誤の状態であるが，社内取締役の構成を見直すケースもある[9]。

③　議長に関する課題

　活発かつ深い議論を行っている取締役会においては，その議論の方向性をリードする取締役会議長について，単純な議事進行役ではなく，極めて重要な役割を担うポジションであると考えられている。そのような取締役会で多くの取締役が議長に期待する役割としてあげているのが，(1) 議論の十分な促進と(2) リーダーシップの発揮である。以下，それぞれの項目について取締役・監

---

[9]　岩田宜子・森央成・磯野真宇「取締役会評価の現状分析と今後の課題」『商事法務』2019年7月25日号（No.2205），55頁。

査役から寄せられたコメントを紹介する。

議論の十分な促進

「議長の責務は，多様な観点からの議論を積極的に促進し，取締役メンバーの集合知を最大化させることである。」

「議長は，議題を明確にし，議論の活性化を促すことが期待されている。」

「取締役会が効果的かつ効率的に運営できるよう，議長は議題に関する適時・適切な情報を取締役に提供し，自由かつ闊達な議論の進行を行う。」

「取締役会で議論すべき案件を決め，多様な意見を引き出すことが重要である。」

「公平で透明性が高く，中身のある議論を確保することが重要である。」

リーダーシップの発揮

「議長は，当社の取締役会のあるべき姿の設定のもとで，その実現に向けた取締役会運営をリードする。」

「会社が進むべき将来像についてその方向性を自ら示すようなリーダーシップを発揮することが議長に期待されている。」

「単なる議事進行役ではなく，「何について議論するかの選別」と「議論の集約」を行うのが議長である。」

「議長は，各取締役の多様な意見を十分聴取し，執行側の検討に資するよう議論を促し，その方向性を明確にするリーダーシップを示す。」

「議長の意思決定能力が重要である。結論を先延ばしすることなく，意見の集約をはかる。」

　取締役会の改革が進むなかで取締役会議長の重要性がますます高まっているが，その中で社外取締役が取締役会議長を務めることの是非についての議論を始めている企業もある。2018年の東証の調査では社外取締役が取締役会議長を務めている比率は0.8％にとどまっている[10]。同調査によれば，JPX日経400構成会社においては，社外取締役が取締役会議長を務めている比率が4.0％とやや多くなっているが，まだ限定的である。

　社外取締役が多くを占める取締役会では十分な数の候補者がいるため，社外取締役を取締役会議長に選任することが容易であると思われるが，必ずしもそうではない。ある企業においては，社外取締役の割合がほぼ半数であり，経験・知識，当該企業の理解という観点から取締役会議長として十分その役割を果たすことができる社外取締役も存在した。そのような企業にあっても，社外取締役が議長となることについては意見が分かれており，会長（元CEO）が取締役会議長を務めていた。
　独立性が高いほうが望ましいという外形的基準だけではなく，監督機能の実効性という観点から今後もこの課題についての議論が各社で続くものと思われる。参考までに，社外取締役が議長を務めることの是非について，これまで取締役会メンバーから寄せられた意見を以下に示す。

社外取締役が望ましいとする意見
　「社内が取締役会の議長となることは，「執行の監督」を目的とする取締役会の本質と矛盾する。」

10　株式会社東京証券取引所『東証上場会社　コーポレート・ガバナンス白書2019』2019年5月，52頁（https://www.jpx.co.jp/news/1020/nlsgeu000003zc0h-att/nlsgeu000003zc32.pdf).

「長期的には，取締役会議長を社外取締役が務めることができる体制とすることが望ましい。ただし，社内取締役か社外取締役のどちらが取締役会議長を務めるかは，その時点での人材によって取締役会が指名すべきである。」

「社外取締役が望ましい。ただし，社外取締役が取締役会議長を務めることを可能とする，議長へのサポート体制の構築が課題である。」

「取締役会議長の役割と責任を認識していれば，社内外は問わないが，投資家視点では社外の方がより理解されやすい。」

社内出身取締役が望ましい・どちらでもよい

「現実的に考えれば，会社をよく知っている社内出身者が取締役会議長を務めるのが合理的である。」

「取締役会議長を社外に求める場合は，十分な事業経験を持ち，かつ，取締役会議長職に専念できる人物をスカウトする必要があるが，その可能性は極めて少ない。」

「取締役会議長は議題について深く理解していることが必要であり，それができない社外取締役が取締役会議長になることは困難である。」

「リーダーシップがある人物であれば社内外を問う必要はない。しかし，取締役会議長をできるだけの時間と能力と熱意があるかが重要であり，そういう社外の人がどれぐらいいるかということによる（しかし，実際にはいない）。」

「長期的には社外が良いが，短期的には無理である。将来取締役会議長になることを念頭において，社外の適任者を今から探し始める必要がある。」

④　委員会と取締役会のコミュニケーションに関する課題

　東証一部企業で，指名委員会（法定・任意）を持っている企業は，2019年8月時点で，49.7％であり，報酬委員会（法定・任意）は52.4％となっている[11]。監査役会設置会社であっても監査等委員会設置会社であっても，委員会を置くのは一般的なプラクティスとなっている。改訂コーポレートガバナンス・コードでは，CEOの選任と報酬額の決定を取締役会の重要な責務の1つとしており，一方で，指名委員会，報酬委員会を設置することを促している。指名や報酬に関する議論を行うのは人数が多い取締役会では事実上難しく，議論する場として委員会を置くことが望ましい[12]。

　ただし，現在の日本企業の大多数を占める監査役会設置会社や監査等委員会設置会社においては，最終的な決定責任は取締役会にある。そのため，委員会で議論をした結論のみを取締役会に提示し，それを1回の取締役会で議論・承認するというのは十分な議論を尽くしたとは言えない。また，指名についてはセンシティブな内容が多く，指名の過程を詳細に示すことができないため，取締役会での議論は限定的にならざるをえない。

　一方で，取締役会としての責務を果たすうえでは，委員会にすべての議論を任せることは不適切であり，その議論のプロセスにおいて適切な関与が求められる。そのため，議論の過程で委員会から取締役会に現状について説明することが重要となってくる。

　指名委員会については，その議論の性質上，委員会から取締役会への報告内容については，かなり企業によって差異がある。議論の過程の報告が全くなさ

11　株式会社東京証券取引所『東証上場会社における独立社外取締役の選任状況，委員会の設置状況及び相談役・顧問等の開示状況』2019年8月1日（https://www.jpx.co.jp/news/1020/nlsgeu0000045rlr-att/nlsgeu0000045rou.pdf）．

12　指名委員会・報酬委員会の実務については，澤口実・渡辺邦広・若林功晃・松村謙太郎・飯島隆博・坂尻健輔『指名諮問委員会・報酬諮問委員会の実務　第二版』商事法務2019年2月6日に詳細に記載されている。

れていない企業もある。報告がなされている企業においても，委員会の開催ス
ケジュールのみを知らせる，少し進んで，委員会が開催された後の取締役会で，
委員会の議題のみを参考資料として取締役会の資料に添付する程度にとどまる
企業も多い。さらに進んだ例としては，委員長が委員会の議論の内容を取締役
会で簡単に報告するというケースもある。

　筆者がある企業の取締役会を傍聴した際には，委員長から「○月○日に開か
れた指名諮問委員会では，CEOの長期的なサクセッション・プランについて
議論した。これまで，同プランに関しては，社内の人材プールの確認を委員会
にて行ってきたが，そのプロセスは終了した。次のステップとして，外部のコ
ンサルタント○○社に依頼し，主要人材の評価とコーチングを行うこととし
た。」という報告がなされていた。

　一方，指名委員会等設置会社では，指名委員会が株主総会に提出する取締役
の選任及び解任に関する議案内容を決定する。しかし，ある指名委員会等設置
会社では，「指名委員会がきちんと機能しているということについて，取締役
会メンバーをはじめとした社内の主要メンバーに理解してもらう必要がある。
もし委員会に対する信頼感がなければ，社外取締役が勝手に重要な意思決定を
行っている，ともとられかねず，委員会やそのメンバーのみならず，取締役会
の在り方そのものに対して，社内における信頼を失うことになる。」という委
員長（社外取締役）の考えのもとに，匿名性は維持しつつも，CEOの選任プ
ロセスについてかなり踏み込んだ議論の内容を，取締役会に提示しているケー
スがあった。指名と報酬の議論が進むにつれ，委員会と取締役会の情報共有を
どうするかが，さらに重要な問題となるだろう。

　なお，指名委員会については，取締役会の監督機能を重視するのであれば，
指名委員会の指名の範囲は取締役に限り，執行に関する指名はCEOに一任す
るのが適切だろう[13]。指名委員会においても，執行役員等に関する指名につい
て執行側から説明を受けるケースはしばしばあるが，その場合も，CEOが執

行役員を指名する権限を有しているということを前提にしたうえで，そのような指名プロセスが適切か，そして，将来のCEO候補者としてどのような人材が社内にいるのかを確認する目的で，指名委員会での議論を行う。ただし，指名委員会が執行役員の指名に関わることがあり，疑問が呈される企業の例もあった。

⑤　経営会議に関する課題

　前述のように取締役会の課題として議論の内容があげられることが多いが，取締役会の議論と経営会議の議論は密接に関わっているため，取締役会評価を行った結果，経営会議の議論の状況，経営会議と取締役会の位置づけが重要な課題として指摘される企業もある。これまで筆者が支援した企業においては，以下のように経営会議についてさまざまな視点での意見が寄せられていた。

　「取締役会にあがってくる議題を見るだけでは，経営会議でどのような議論がなされたのかよく見えない。実態はしっかりやっているのかもしれないが，経営会議では踏み込んだ議論がされていないかもしれないとの印象を持つこともある。」

　「日本企業では実質的なことは経営会議ですべて決まっているため，取締役会は形式的なものとなりがちだという話をかつてよく聞いた。一方当社では，実質的な議論を取締役会まで持ってきている。それはよいことでもあるが，経営会議で充分に議論をし尽くしていないともいえる。」

　「現状は，個々の事業に関する特定の部分を取締役会に上げて，その決議機関として取締役会を運用しているという域を出ていない。経営会議自体が，社長に対する事業報告会のような位置づけとなっており，徹底的な議論ができて

13　指名委員会の果たすべき役割・責務，および，日本企業の課題については，倉橋雄作『取締役会実効性評価の実務』商事法務2016年4月30日を参照。

いないせいかもしれない。」

　「経営会議と取締役会の区別をどうつけるか，質的にどのように違いを持たせるのかを考えるべきだ。取締役会を経営会議の追認という形にするのか。あるいは，経営会議で決定したことも含めて見直しをかけようと思うのなら，固まっていない段階で，取締役会で議論するということもありうる。」

　「取締役会に対して，個別案件については取締役会を通さないとだめだという意識では何も変わらない。そうではなく，経営会議ではこのような見通しを描いたが，それを取締役会で十分議論してもらおうと考えるようになれば，説明の仕方も社内の意識も変わる。取締役会をある意味「使い倒そう」というくらいに考えたほうがよいのではないか。」

　このような問題意識のもと，経営会議の議論を見直す，執行サイドにおける権限移譲の在り方を見直すなど，取締役会だけではなく経営における改革を進める例もある。

第7章

取締役会の運営・議論の状況

　取締役会が監督機能を発揮するためには，取締役会の適切な運用・質の高い議論が不可欠である。取締役会評価においても，これらの点が課題としてあがることが多い。この章では，取締役会の実効性向上という観点から，筆者が関与した評価の実例も踏まえながら，取締役会の運営と議論の状況について説明する[1]。

7.1 取締役会の運営

　取締役会の監督機能をどう定義するかは難しい問題であるが，取締役会という議論と意思決定の場においては，以下の3つが監督機能の発揮という点で重要なポイントとなる。

1. 各メンバーが議題に関する十分な情報・理解を有している状況のもとで，議論が行われているか
2. 重要な事項について，十分に時間をかけて議論が行われているか
3. 多様な観点からの十分な検証・議論を経て，意思決定がなされているか

　1については，取締役会での説明・資料を通して，あるいは，取締役会以外の場で十分な情報提供を社外取締役に対して提供しているかが重要な点となる。

1　取締役会の運営をはじめとした取締役会の改革の手法については，中村直人・山田和彦・倉橋雄作『実践取締役会改革』中央経済社2018年5月を参照。

2については，取締役会の所要時間，時間配分，議題の内容が主なポイントとなる。また3については，取締役会の構成が密接に関わってくる。ここでは1と2の観点から，取締役会の運営状況について説明する。

①　事前説明の実施・取締役会以外での議論の場の設置

取締役会構成員の中で最も情報が不足した状況にあると思われるのが，社外取締役である。彼らが十分な情報を持って議論に望むための1つの手法として，事前説明の実施がある。取締役会について網羅的な調査を毎年行っている監査役協会の報告書によれば，監査役会設置会社，監査等委員会設置会社，指名委員会等設置会社である上場企業の50％以上が，取締役会の運営の変化として，事前説明の実施（社外取締役など一部を対象にする場合も含む）をあげている[2]。

事前説明の実施方法や時間については，企業により異なっている。議題の担当役員，部長，事務局スタッフなどが社外取締役のもとに出向いて説明することもある。また，社外取締役に全員集まってもらって，そこで説明するというケースもある。別の企業では，社外取締役だけのミーティングの場に事前説明の場を設け，筆頭独立社外取締役が議長となり，社内からの説明を受けて，そこで社外取締役が質問，議論などを行うというケースもあった。

また，これまで筆者が見てきた例では，取締役会とは別の場を設けて，さまざまな内容について取締役会メンバーで議論するケースが複数あった。メンバーは，企業により異なるが，取締役のみ，取締役と監査役，それに加えて執行の主要メンバーが入る，などである。とりあげる議論のテーマとしては，市場の動向・競合状況，主要事業・主要技術に関する詳細な説明，これまでの事

2　公益社団法人日本監査役協会『役員の構成の変化などに関する第19回インターネット・アンケート集計結果』2019年5月24日（http://www.kansa.or.jp/support/library/secretariat/enqtotal19-1.html）。

業の発展の経緯，今後の展望に関する話題などがあげられる。また，中長期的な視点から見た課題もテーマとして入ることが多い。

　このような事業の基本に関わる内容に関する事項は，社外取締役が当該企業を正しく理解するうえでは不可欠である。限られた時間で意思決定しなくてはならない取締役会において，そのような議題を取り上げるのは難しいため，取締役会とは別の場を設定していた。

　また，特定のテーマに絞って社外役員向けのセッションを開くこともある。たとえば，技術志向の会社の場合，R&Dセンターの見学と同センターの主要メンバーとのディスカッションを実行している企業があった。また，グローバルに展開している企業の場合，社外役員と共に主要な国の事業所を訪問するというケースもあった。同社は，グローバル化を掲げ先進国・途上国双方で事業を展開しており，取締役会でもそれらの責任者を呼んで議論することがしばしばある。しかし，このような直接の訪問により，「取締役会での説明だけではわかりづらい内容についてよく理解することができた」，「グローバル展開と言っても，国によって市場の状況は大きく異なりとるべき施策も異なることが，肌感覚で理解できた」という。

②　所要時間

　取締役会の所要時間については，上記の監査役協会の調査によれば，1時間半以上から2時間未満という企業が最も多くなっている。筆者がこれまで第三者として支援してきた企業では，社外取締役が一定数以上おり，活発な議論がなされている場合は，時間については長くなる傾向が見られた。ただし，充実した議論がなされている限り，所要時間が長いことに対する不満は参加者からは聞かれなかった。

　他の第三者評価の事例においても，時間についての変更を求められることはあまり多くなく，議論の内容にメリハリをつけることで審議・議論の充実が求められる傾向が強い[3]。

116

　実例として，筆者が評価を支援した企業の中から，対照的な企業２社の状況を以下に紹介する。

【図表７－１】取締役会の所要時間（2017年）

	A	B社
社外取締役の割合	３分の１以上	全体の２割未満
社外取締役の招聘時期	10年以上前から複数の社外取締役が取締役会に加わる	数年前にそれまでの１名から２名に社外取締役を増員
取締役会の所要時間	最短34分，最長４時間19分，平均約２時間30分。	最短26分，最長１時間50分平均約１時間。

　この２社の例に見られるように，一定数以上の社外取締役が長期にわたって在任している企業では，社外取締役による活発な意見が出され，議論に十分な時間をかけており，社外取締役の数が少なく複数の社外取締役を迎えて間もない企業と比べて，取締役会の所要時間が長くなる傾向にある。また，同一企業内の変化については，筆者が評価を支援した企業の中に以下のような例があった。

　C社は，現在，社外取締役の割合が半数近くとなっており，コーポレートガバナンス・コード制定以前から複数の社外取締役が就任していた。加えて，過去５年間の間に，社外取締役の更なる増員，任意の諮問委員会の設置，取締役会評価の実施など，コーポレートガバナンス体制の強化を図ってきた。同社の取締役会の所要時間は長くなる傾向にあることが確認された。かつては，同社の取締役会は２時間程度であったが，現在は３時間を超えている。また，議論の時間配分であるが，法定決議事項に関する議論の時間はほぼ一定，一方で報告事項に関する議論は増加しているとのことである。

3　岩田宜子・森央成・磯野真宇，「取締役会評価の現状分析と今後の課題」『商事法務』2019年７月25日号（No.2205），57頁。

　参考のために，海外の取締役会の所要時間を見ておこう。米国では取締役会が監督機能に特化しているため，所要時間も開催回数も限定的であると日本では考えられているが，実態は以下のように異なっている。

　まず，開催回数については，2018年の調査においてはS&P500社の平均は8.0回となっている[4]。また，英国のFTSE企業の上位150社の平均は7.3回である[5]。前述の監査役協会の調査で回答している上場企業の取締役会の開催回数は平均14〜15回程度となっており，英米の大手企業の取締役会の平均開催回数は確かに日本企業より少ない。しかし，それらの取締役会が1回にかける時間は必ずしも短くはない。

　ここではGEの例を見てみよう。GEは招集通知に毎年，取締役会の状況を詳細に説明しており，2018年の状況は下記のとおりであった[6]。取締役会は1年に8回開催，所要時間は取締役会以外のミーティングも含めて2日間である。取締役会のスケジュールの概要は以下のとおりである。

GEの取締役会の日程

取締役会の前日
　委員会委員長と経営陣及び監査法人，外部アドバイザーとの会合を持つ（経営陣のみの準備会議も開催する）

1日目
　日中　　委員会の会議
　夜　　　経営陣による事業の説明，経営陣とのディスカッション，ディナー

2日目
　朝　　　社外取締役だけのブレックファーストミーティング

4　Spencer Stuart, *2018 United States Spencer Stuart Board Index*, 2018, p.8（https://www.spencerstuart.com/-/media/2019/july/ssbi_2018_new.pdf）.
5　Spencer Stuart, *2018 UK Spencer Stuart Board Index*, 2018, p.12（https://www.spencerstuart.com/-/media/2018/december/ukbi2018_8b.pdf）.
6　GE, *2019 Notice of Annual Meeting and Proxy Statement*（https://www.ge.com/investor-relations/sites/default/files/GE_Proxy2019.pdf）.

> その後　　　　　　取締役会の開催（各委員会委員長からの報告も含む）
> 取締役会終了後　社外取締役だけのミーティング
>
> 取締役会終了後
> 　経営陣によるフォローアップセッション（取締役会からの要望についての議論・対応）

　GEの開示情報では，取締役会そのものの所要時間について明確になっていないが，取締役会のための準備，そのあとのフォローアップなども含めると3日がかりのプロセスとなっており，取締役がかなりのコミットメントをしていることがわかる。

　欧米企業の取締役会においては，CEO以外は大半を社外取締役が占め，監督機能を重視したいわゆるモニタリング・ボードとなっているが，単に経営をモニタリングするのみ，一般的な方針を定めるのみというわけではなく，取締役会は同時に経営に関する個別具体的な重要な意思決定を行っている。

　たとえば，英国とオーストラリア両国の市場に上場しているグローバルな大手エネルギー企業のBHP社では，取締役会10人中，CEOをのぞいた9名が社外取締役（議長も社外取締役が務める）という構成をとっており，その年次報告書には，取締役会の議論の内容が詳細に記載されている。それによると，戦略に関わる事項については，資本配分，資金調達，事業ポートフォリオそれぞれにおいて，さまざまな事項について議論を行っている。たとえば，事業ポートフォリオについては15の項目について議論がなされているが，特定プロジェクトへの投資，特定事業の売却など，重要な領域に関する個別案件の判断が6項目含まれている[7]。

7　BHP, *Annual Report 2018*, p.105（https://www.bhp.com/-/media/documents/ investors/annual-reports/2018/bhpannualreport2018.pdf）.

③　時間配分

　議題の説明とそれに続く議論の時間の配分は議論の質に影響するが，企業によりその時間配分は異なっている。ここでも，筆者が2018年に取締役会を傍聴した企業の中から対照的な2社のケースについて紹介する。

【図表7-2】取締役会の時間配分（2018年）

	A社	B社
社外取締役の割合	半数近く	全体の2割未満
社外取締役の招聘時期	10年以上前から複数の社外取締役が取締役会に加わる	2018年時点で2名就任
社外取締役に対する事前説明	実施	実施
取締役会の議論の状況	議長が各議題について簡単な概要のみ説明し，その後，すぐに議論・質疑応答に移行する。説明と議論・質疑応答の時間配分は，前者が1割弱，後者が9割以上である。	担当役員が各議題について詳細な説明を行い，その後議論・質疑応答に移行する。説明と議論・質疑応答の時間配分は，前者が9割，後者が1割である。

　A社の場合は，議長はじめ取締役会メンバーが，議題についてさまざまな角度から徹底的に検証することが重要であると考えており，議題の説明の時間を効率化する一方で，議論の時間をできるだけ増やすよう努めている。どのような説明・議論の手法がよいのかについては，過去10年間，試行錯誤しながらいろいろな手法を試み，現在の状況に至っている。他方，B社においては，説明・議論の内容・手法についてはまだ模索中である。

　このように，時間配分については各社いろいろな取組みがなされているが，社外取締役が議題に対して十分な情報を持っている状況で取締役会に臨んでいる場合は，社外取締役から，議題の説明については，メリハリをつけ，必要に応じて簡潔にし，議論の時間をより長くとってほしいとの要望が寄せられることが多い。

④ 議題の内容

　取締役会への付議事項を見直し，より中長期的な議論，経営戦略に関する議論や監督機能に関する議論の充実を目指す企業が増えている。一方で，そのような施策をとっている企業であっても，取締役会で十分議論ができていない重要な事項の存在を指摘されるケースも多い。筆者が支援した評価の過程では，以下の事項があげられることが多かった。

<u>中長期の議論</u>
　・長期ビジョン・経営理念
　・中長期の経営の方向性・課題
　・サステナビリティに対する考え方

<u>取締役会の役割・構成</u>
　・自社の中長期の方向性から考えた取締役会のあるべき姿・役割
　・自社の取締役会の重要な役割・機能から考えた取締役会のあるべき構成

<u>指名・人材・報酬</u>
　・CEOのサクセッション・プラン
　・人材育成　（経営人材の育成・グローバル人材の育成など）
　・役員報酬の在り方

　東証一部上場企業に対する調査でも同じような結果が示されている。エゴンゼンダー社が2018年に行った前述の調査（回答企業数361社）では，取締役会で今後議論を増やすべき議案として，以下のものがあげられている[8]。

8　佃秀昭「2018年度コーポレートガバナンスの実態に関する調査結果の紹介」『商事法務』2018年11月25日号（No.2183），22頁。

【図表7-3】取締役会で議論を増やすべき議案

議論を増やすべき議案	回答者数の割合（複数回答）
中長期の経営戦略	80.9%
資源配分	36.0%
リスクマネジメント	34.6%
次世代経営人材の育成状況	27.4%
資本政策	25.8%
CEOの後継者計画	25.8%
新規事業	25.2%
執行案件の内容・状況	21.1%
株主とのエンゲージメントの状況	12.7%
企業文化	6.6%

　このような内容について議論するために，年間スケジュールを定める際に上記の事項について議論する時間を確保する，内容によっては取締役会以外の議論の場（合宿など）を設けて，そこで議論するなどの工夫がなされている。

⑤　資料の内容

　取締役会の資料やその説明については，社内の目線で用意する側と，社外の立場でそれを読む側との間に，意見の相違が見られ，社外役員の側からは以下のような意見があげられることが多かった。

「資料が細かすぎる。また，量が多すぎる。」
「何が重要な点なのか不明瞭である。」
「社内用語が多い。また，社内目線での説明となっている。」
「社外役員として判断するうえでの必要な情報が不足している。」
「長期の方向性や中計との関連において，当該議題がどのような意味を持つのか理解できない。」
「執行側において取締役会の役割が十分理解されていない。そのため，何を決め，何を判断してもらうかが明確ではない資料となっている。」

また，社内役員からも以下のような意見があった。

「社外取締役は，特定のテーマのみを議論したいのではなくて，そのテーマが会社が進もうとしている方向に対してどういう役割を担っているかをチェックしたいはずである。しかし，そのような会社全体の話を必ずしも社外の方と共有しているわけではないため，個々の議題を見ながら，あたかも象の体を部分的に触って「これは何だか大きいようだ」と言っているような状況なのではないか。」

このような問題に対し，ある企業では，取締役会議長（社内取締役）が取締役会の資料・説明に関る基本方針を示し，執行側はその方針に従って資料を作成するという対応を取っていた。参考までに，その基本方針の概要を以下に紹介する。

基本方針の概要
- 取締役会の資料と経営会議の資料は異なる，取締役会の議論と経営会議の議論には乖離があることを前提に説明する。
- 社外取締役は，一般株主の視点に立ち，その方のバックグラウンドと常識を持って判断をしているということを理解する。
- 当該議題の事業内容や技術について詳細に説明する必要はない，経営者が関心を持つ事項（例　市場，競合，機会，リターン，リソース配分，過去からの経緯，全体の中の位置づけなど）を中心に説明する（当該企業の社外取締役の大半は他社の経営経験者である）。
- 以上を満たしていないものは議題として不適格とみなす。

なお，同議長は，中期経営計画策定にあたっても，「中期経営計画のお作法」と題して，社外役員の視線を意識した方針を提示し，取締役会での議論を深める努力を行っていた。

7.2 ｜ 取締役会の議論・発言

　以上のような運営の工夫のもとに，さまざまな観点から議論が行われているが，社外取締役の議論の状況，社内取締役の議論の状況について，これまでの取締役会評価の経験に基づき，以下記載する。

①　社外取締役の発言

　多くの企業において社外取締役は積極的に発言し，議論に貢献している。前述のエゴンゼンダー社が東証一部上場企業を対象に2018年に行った調査では，独立社外取締役に期待する役割として，回答者（361社）の88.1％が，企業価値向上の経営戦略議論への貢献を上げている。また，社外取締役の企業価値向上への貢献度については，「高い」「非常に高い」を選択した回答者の割合が65.4％となっており，過去4年間連続して上昇している[9]。

　筆者が過去に行ったインタビューにおいても，社外取締役の発言について，社内取締役や監査役から高く評価する意見が多かった。以下，社外取締役の発言に関連するコメントを紹介しよう。

社外取締役の発言に対する社内取締役・監査役の見方

　社外取締役の発言に対しては，以下に見るように，社内取締役や監査役から，第三者としての客観的な視点からの意見，それぞれの経験・知見に基づく意見を高く評価するコメントが多く寄せられている。

　「取締役会はパブリックな場であり，そこでの議論は投資家に説明するという要素がある。その観点から，取締役会で社外取締役からいろいろな意見が出てくることは有益であり価値がある。」

---

[9]　佃秀昭「2018年度コーポレートガバナンスの実態に関する調査結果の紹介」『商事法務』2018年11月25日号（No.2183），24頁。

「社外の方は当社のことをよくご存じないので，当社にとっては非常識なことを言っているかもしれない。しかし，社内とは全く異なる観点からご意見いただく事に意義がある。」

「経営会議の議論には限界がある。社内だけで議論していると，どうしても今までのビジネスモデルの延長線で考えがちになってしまう。その内容はある意味世間の非常識かもしれない。それを取締役会で正してくれるのは社外の目線である。」

「自身の得意分野に基づき，ビジネスモデルに対するいろいろな考え方，違う業種からの視点を入れていただくというのが，経営者出身の社外取締役の方に期待するところである。当社とは違った視点を取締役会の議論の中に持ち込んで，社内の役員の議論を喚起するというような方向が望ましい。」

「当社の事業をどう成長させていくかという点について，社外取締役からの直接的な貢献をあまりに期待するのはどうかと思う。そもそも執行役員レベルで経営をしっかり回すべきである。そのうえで，それを外部の目でさまざまな視点で検証をしていただく，社外のステークホルダーから見たときにどのように見えているかという発言をいただく，そういうことに価値があると思うし，実際にそうなっている。」

「取締役会では，皆，忌憚なく自由に発言する。社外の方からの遠慮ない意見によって，社内の人間は鍛えられる。執行側は大変であるが，厳しくかつ細かく指摘されることによって，我々は成長し，そして，取締役会の議論も経営会議の議論も変わっていく。」

「社外取締役の方々の大変なところは，外れた質問をなるべく排除して常に適切な質問をする努力が求められることだが，一方でそれをあまりに求めすぎ

ると，質問そのものがしづらくなる。」

社外取締役の発言スタンス

　一方で，社外取締役自身は，社外取締役の限界を意識しつつも，その役割を果たすために当該企業の実情に合わせて自身がどのように発言するべきか十分考慮のうえ，発言するというコメントが多かった。

　「当社として絶対やらなくてはならないと思うことは指摘しているが，単に指摘するだけでは会社は成長しないということもわかりつつ発言している。そういう社外のコメントに対して，執行側が正しく理解して実際に対応するかどうかということが重要になってくる。」

　「仮にこれまで立派な業績をあげてきた経営者であっても，別の会社の社外取締役として本当にどの程度貢献することができるのか常々考えている。10回発言したとして，そのうち1回でも執行メンバーの心に響くものがれあれば，かなり多いほうではないか。そのような限界を常に意識しながら発言している。」

　「社外取締役が全員意見を言う必要はない。自分自身は，これまでの経験から得た視点に基づく意見を述べるようにしている。社外取締役という立場に徹して，取締役会において本当に必要な意見を述べるように努めている。」

　「社外取締役は，一定の節度を持って自分の役割を考えながら発言するべきである。社外取締役としてできることは限定的であるので，自身の得意分野を定め，常にその立場から見ていくというような発言をしている。」

　「社外取締役の役割は，法的には1つであるが，会社のタイプによって実質的な機能は違う。CEOが引っ張るタイプの企業であれば，社外取締役はそれ

ぞれの専門分野に基づき社長の暴走を抑える，監督するという機能になる。一方で，着実に伸びているけれどもなかなか変化がないというような企業の場合は，監督というよりは，足りないところを指摘し，変化を促す役割を担うことになる。それを念頭に，企業の実情にあわせて意見を述べている。」

「当社の事業の内容については社内の方たちには到底及ばないが，これまでさまざまな社会を見てきたことによるそれなりの知識・見識は持ち合わせていると思うので，そのような視点・視線で，事業全体を大きくとらえながら意見を述べるようにしている。」

「社内メンバーに株主視点が足りないのであれば，常に株主の立場での指摘を行う。そうすると，社内メンバーも異なる立場から経営を見ることができるようになる。」

「多様なステークホルダーの視点からの気づき，これまでの自分自身の経験を通してのさまざまな気づきを，質問やコメントすることで伝え，議論の活性化に貢献したいと思っている。」

なお，監査役会設置会社においては，監査役，特に社外監査役も活発に意見を述べ議論に貢献している。社外監査役からは，監査役としての立場を強く意識した発言を行う場合，取締役とほぼ同様な内容の発言を行う場合の両方のケースがあり，当該監査役の個性，取締役会の文化によって，差異がある。

このように，取締役会の議論において社外取締役はさまざまな観点から貢献しているが，一方で，投資家には必ずしもその実態が伝わっていない。生命保険協会が2019年に企業と投資家に行った調査では，社外取締役が役割を果たしているかどうかについて，企業と投資家の間で大きく見方が分かれている[10]（**図表7-4**）。

　かつて，筆者が，複数の国内日系機関投資家の責任投資部門責任者に，取締役会の状況について一番知りたいことは何かと聞いた際に，多くの投資家が取締役会の議論の状況であると答えた。実際には議論の状況を把握するのが困難であるため，そのような状況を外から理解するための情報源としては，年次報告書や統合報告書における取締役会の記載，取締役会評価の結果の開示，社外取締役との対話を含めた企業に対するエンゲージメントから得られる情報があげられる。

図表７－４　社外取締役に期待する役割の現状

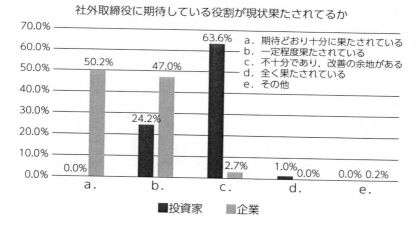

　企業との対話において，投資家が質問する内容はさまざまだが，ある投資家からは，十分な議論がなされていればすべての議題が満場一致で可決されることはないとの考えのうえ，取締役会において却下された，あるいは，一部役員の反対で取下げとなった議題がどの程度あるかを，対話のうえで常に確認すると述べていた。

10　一般社団法人生命保険協会『生命保険会社の資産運用を通じた「株式市場の活性化」と「持続可能な社会の実現」に向けた取組について』2019年4月，25頁（https://www.seiho.or.jp/info/news/2019/pdf/20190419_3-all.pdf）。

　一方で，外資系大手投資家の責任投資部門責任者は，あるコーポレートガバナンス関連の委員会で，企業との対話について取締役会の実効性を理解するうえで社外取締役との対話は大変有益であるとしたうえで，以下のように説明していた。

　「社外取締役とのミーティングでは，いくつかの基本項目について，社外取締役がどのように考えているか質問する。これらを聞くことで，取締役会の実態やその社外取締役の取組状況を把握することができると考える。その基本項目とは次のとおりである。
　　1．取締役会の規模，2．取締役会のメンバー構成，3．取締役会の運営状況，4．取締役会の付議基準，5．取締役会の時間，6．取締役会の頻度，7．委員会がある場合は，その規模・構成・運営状況，8．会社が抱える重要な経営課題，9．自分自身が当該企業の社外取締役を引き受けようと思った理由・経緯」

　取締役会評価の開示においては，上記のような投資家のニーズを念頭に，社外取締役も含めた取締役会の議論の状況を一部なりとも伝えることにより，投資家の理解を促進することができるだろう。しかし，多くの企業において画一的な記述となっており，なかなか実態が理解できないことを不満に思う意見も，投資家からしばしば聞く。評価の開示における企業と投資家の課題については，**第8章**でさらに説明する。

②　社内取締役の発言

　取締役会がその監督機能を高めるうえで，社外取締役は中心的な役割を果たすことが期待されている。ただし，日本企業の取締役会においては，社内取締役が大半を占めており，その多くが執行を兼務している。このような状況においては，監督機能の観点から社内取締役をどう位置づけるか，社内取締役にどのような役割を期待するかは，多くの企業にとって重要な問題となる。

これまで筆者が支援した取締役会の議論において，社内取締役に対しては，

①　全社的な視点のもと取締役としての監督機能を果たす。

②　社外役員に対して事業・経営の状況について十分な情報提供を行い，社外役員がその監督機能を十分に発揮できるよう努める。

という2つの役割が求められることが多かった。しかしながら，執行と監督という異なる責務を負っている社内取締役にとっては，②は容易であるが，①は困難を伴う。社内取締役の発言の状況について，社内外の役員から寄せられたコメントをもとに紹介する。

社外取締役・監査役の社内取締役に対する見方

まず，社内取締役の発言については，社外取締役・監査役から以下のような意見が提示されている。

現状を是認する意見

「社内取締役の発言は少ないが，経営会議で議論したうえで議題として出てくることに対して発言するのはおかしいと考え，取締役会では自身が発言するよりも社外の意見を聞くとなることが多いのは理解できる。」

「社内の発言が少ないが，どの企業もそうではないか。経営会議で一度議論しており，そこで自分の意見も十分に出しているので，同じことは発言できない。」

「取締役会と経営会議の機能分担は難しいところだが，経営会議で相当議論しておりそこで必要な意見をすべて言っているということであれば，取締役会での発言が少ないのはやむをえないかもしれない。」

改善が必要とする意見

「全社的視点で意見の言えない社内の取締役は取締役としてふさわしくない。

執行役の上位者が取締役ではない。役割が異なる。」

　「担当分野に関して説明することも重要だが，自ら所掌しない分野・部門に対する客観的な意見表明が取締役として最も重要である。その部分に関する発言が少ない。」

　「社内取締役は，執行役員を兼務するのが通常であるため，執行役員としての担当領域に対する責任意識を引きずりがちであるが，取締役会の一員として執行の監督の一翼を担う以上，全社経営に対する目線がより強く求められる。」

　「社外取締役としての責任を果たすうえで，議題について社内取締役がどのような思いでどのような考えで見ているのか，そこを十分に理解したい。社内取締役からより多くの発言を望む。」

　「社内の取締役の方の発言については，果たしてこれでいいのかと思っている。自分の担当分野を超えて，相手の担当分野でもここはこうすべきだという話をされてもいいのではないかと思うが，残念ながら現状はそうではない。」

　「社内，社外が入り乱れて議論を展開するという状況にはまだなく，それは今後の課題である。そのため，経営会議ですでに十分議論されていると知っていることでも，あえて取締役会で質問することがある。そのように質問することで取締役会の議論が広がっていく。」

社内取締役の見方
　一方で，社内取締役からは以下のような意見が寄せられている。

<u>現状を是認する意見</u>
　「経営会議で十分な議論をやり尽くしたうえで上程されている。そういう議

論が経営会議で終わっているので，取締役会で改めて発言するのは難しい。」

「経営会議で一度時間をかけて議論したことを取締役会にあげている。取締役会は，社外取締役の方や監査役の方から質問をされて，それに対してお答えする場となっている。社内取締役からなかなか質問・発言は出ない。それはいいことではないとは思うが，経営会議で議論があってそのうえで取締役会にあがっていると理解しているので，そこで改めて何かを述べるのは難しい。」

「担当部門のみでなく，会社全体のことを考えて発言をするべきだが，実際はなかなかできていない。」

「執行役員兼取締役というのは矛盾している。自分の提案がでたときに，執行役から離れて取締役の立場から議論するとなると，二重人格となってしまい，多くの人にとっては無理だと思う。」

「社外の異なる視点からの意見や質問には答えることはできるが，自ら違う角度で見て，質問することは難しい。」

改善が必要とする意見

「取締役会の議論は，社外が質問し社内が答えるような感じで終わっている。ただ，経営会議における社内の意見の一部を，本当は取締役会にあえて持ち出して，そこでも議論するという形にしてもいいのではないかと思う時がある。」

「取締役会では，各担当役員がこの案件についてやりましたと報告する，それに対して社外の方がそれはどういうことかと質問し，それに担当役員が答えることで議論が終わっている。経営会議で十分に議論されているとしても，取締役会はまた別の話である，そこで十分な発言をしなければ，取締役としての責務を果たしていないとも言える。」

　「経営会議と取締役会を合わせると社内取締役としては十分な議論をしている。そこは，あわせて考えていったほうがいいのではないか。ただ，繰り返しになってもいいから取締役会で社内取締役の考えも示してほしいということであれば，そうおっしゃる社外の方の気持ちもよくわかる。工夫すればできるのかもしれない。」

　「取締役会では，社内対社外という構図であり，社外が質問して社内が回答するというパターンになっているが，社内同士の横の話が出てくれば，さらに良くなると思う。社内の発言をもっと増やすために，CEOからそれを促すよう何か言ってもらえばよいのかもしれない。」

　「（CEOの立場から）取締役会の議論に貢献しない社内取締役は，当社の取締役会には必要ないというような話を社内でしばしばしている。その結果，以前よりも発言するようになっているが，内容にまだばらつきがあり，改善の余地がある。」

　「当社のコーポレートガバナンスの体制を，社外の方々のみに頼って維持推進していくということはありえない。社内の力量，意思を永続的にスパイラルアップしていく仕組みが必要だ。経営人材の育成プランにもコーポレートガバナンスに関するコースは入れているが，一番学ぶことができるのは，取締役となって取締役会の議論で鍛えられることだろう。」

　以上のように，社内取締役が取締役会の議論でどのような役割を果たし，どのように貢献するのかについては，社内・社外の役員の間でさまざまな意見がある。取締役会の運営上の課題（時間，議題，資料など）については比較的短期間で対応することが可能であるが，このような社内取締役に関する課題については，取締役会での本質的で深い議論を経たうえでの対応が必要になるため，議長のイニシアチブのもと，時間をかけて取り組まなければならないだろう[11]。

　ところで，社内取締役の役割・発言に関する議論の結果，社内取締役の構成を変更するケースもあった。ある企業は，これまでのように事業の代表者を社内取締役とすることはやめ，経営戦略，財務，人事など全社的な機能を重視する構成に変えている。ただし，多くの企業では，事業の責任者が社内取締役として加わっており，社外取締役においても，「事業の内容を理解するには，取締役に事業の代表者が入っていたほうがよい」，「取締役でなくても陪席して説明してもらうことは可能だが，事業の責任者が取締役として参加したほうが，より深い議論ができる」など，自身の監督機能を発揮する観点から，事業の責任者の取締役会参画を求める声も多い。

　自社にとっての最適な社内取締役の構成がどうあるべきかは，社内取締役が過半数を占める日本の取締役会では避けては通れない重要な課題である。

7.3 ｜ 取締役会事務局の状況

　取締役会の監督機能が重視され，社外取締役が増え，また，委員会も設置されるようになると，それを支える重要なインフラとしての取締役会事務局の役割がますます重視されるようになる。ここでは，取締役会の運営を支える事務局の現状について検証する。

①　日本企業の状況

　日本企業の取締役会の関係者によれば，取締役会事務局の主な仕事は多岐にわたっている。具体的には，社外取締役・社外監査役に対して議題やその背景となる事業状況を適切に理解してもらうため，資料を作成し事前説明を行う，取締役会の年間の議題を件とし，法令や定款，付議基準で定められた決議事項をすべてカバーするとともに，コーポレートガバナンス上の重要項目についての計画を作成する，毎年，コーポレートガバナンス・コードへの対応を行い取

11　社内取締役が議論に参加するための方策については，中村直人・山田和彦・倉橋雄作『実践取締役会改革』中央経済社2018年6月を参照。

締役会評価を実施する，社外役員からのさまざまな質問や要請にこたえるため，社内の関連部署と協議・調整を行い対応するなどである[12]。

　また，取締役会事務局の業務を，取締役に対する知見・情報の提供という視点でとらえる考え方がある。取締役に必要な情報を，①ガバナンスに関する知見，②業界や経営に関する基本的な知見，③就任会社に関する知見，④業績，内部統制などモニタリングに必要な情報の4つに分類し，事務局の主な仕事はこの4つの知見や情報を取締役が獲得することができるようにすることであるとする。ただし，単なる情報提供補助機関ではなく，将来的には，ガバナンス全般に関する統括部署に発展すべきであるとしている[13]。

　取締役会議長や委員会委員長を歴任したある社外取締役は，取締役会事務局には以下の3つが求められると述べている。

　　1．会社全体を，過去，現在，未来を通して十分理解している
　　2．社内の他の部署と十分なコミュニケーションをとっている
　　3．取締役会議長と十分なコミュニケーションをとっている

　同氏によれば，上記の中でも取締役会議長とのコミュニケーションや信頼関係が最も重要であり，取締役会事務局は単なる情報提供にとどまるのではなく，議長及び取締役会全体の伴走者であるべきだとしている。

　事務局が属する部署については，取締役会室，コーポレートガバナンス推進室として専門の部署を設ける企業もあるが，まだ限定的である。現在は，企業によって異なる部署が担当している。上記の事務局関係者によれば，担当部署

12　「コーポレートガバナンスを支える取締役会事務局」『商事法務』No.2187，2019年1月5・15日号，128頁。
13　中村直人「取締役会スタッフの在り方—ガバナンスの知的プラットフォームへ—」『商事法務』2019年7月5日号（No.2203），5～6頁。

は企業法務を重視する場合は法務部，経営情報の共有と経営会議との連携を重視する場合は経営企画部，株主総会との連携を重視する場合は総務部，秘書・政策秘書機能を重視する場合は秘書部が事務局になるとのことである。また，商事法務研究会が2019年10月に実施した取締役会事務局アンケートの集計結果によれば（東証一部・二部企業のうち930社が回答），取締役会事務局の主管部署の上位4つは，総務部門，経営企画部門，法務部門，秘書部門となっている[14]。

　レポーティング・ライン（指示命令系統）は，上記の部署の場合は，当然ながらCEOなど経営陣に対するラインに入る。取締役会室など独立している部署であっても経営陣にレポートしているケースが多いようである。いずれにしても，取締役会事務局は，現状は十分とは言えない限られたリソースのもとで，コーポレートガバナンスの変革期にある取締役会を支えている。上記の商事法務研究会の調査によれば，取締役会事務局の過去5年間の変化として，取締役会事務局の業務範囲の拡張が一番多くあげられている。今後，取締役会の変化とともに，事務局の責務の内容も変化していくと思われる。

　ところで，海外では後述するように取締役会事務局などの仕事に携わるガバナンスのプロフェッショナルによるNPOがあり，そこでは必要な情報・知識の提供やネットワーキングなどを提供しているが，日本ではそのような組織はまだない。ただ，取締役会事務局の重要性に着目し，日本コーポレート・ガバナンス・ネットワークでは，2017年より事務局向けのコースを開講している。講義の際には，コースの内容の参考にするため受講者に現在の関心時を聞くのだが，受講者からは以下のようなものがあがってくることが多いという。

・監督と執行の分離のメリットとデメリット
・取締役会議長の在り方（社外取締役が議長になることの是非）
・社外取締役と監査役のそれぞれの役割の在り方

14　商事法務研究会「第1回取締役会事務局アンケート集計結果（速報版）」『商事法務』2019年11月5日号（No.2213）。

- ・社外取締役の選任
- ・社外取締役の任期
- ・社外取締役に対する適切なトレーニング
- ・社外取締役への事前説明
- ・取締役会の資料の内容
- ・取締役会の付議基準・議題
- ・取締役会議事録の内容
- ・取締役会評価の状況
- ・取締役会事務局の責務
- ・取締役会事務局としての情報収集の手法

　今後，取締役会事務局の重要性はますます増していくと考えられるが，これからの日本の変化を予想するうえでの参考として，すでに事務局体制が整備されている海外の主要国の状況について，以下紹介する。

②　海外の状況

　海外では，取締役会の事務局の責任者は，カンパニー・セクレタリー，または，コーポレート・セクレタリーと呼ばれている。英米では，法律上，取締役会を支えるコーポレートガバナンスのプロフェッショナルを置くことが要請されているが，それぞれの状況を概観する。

英国企業の状況

　英国では，会社法により上場企業がカンパニー・セクレタリーを任命することが求められている。FRCのガイダンスでは，カンパニー・セクレタリーの役割について，以下のように記載している[15]

15　Financial Reporting Council, *Guidance on Board Effectiveness*, July 2018, p.23（https://www.frc.org.uk/getattachment/61232f60-a338-471b-ba5a-bfed25219147/2018-Guidance-on-Board-Effectiveness-FINAL.PDF）.

取締役会に対する支援とカンパニー・セクレタリーの役割

- カンパニー・セクレタリーは，取締役会の手続きが遵守され，すべてのガバナンス事項について取締役会に助言し，議長を支援し，取締役会及びその委員会が効率的に機能するのを支援する責任がある。

- カンパニー・セクレタリーは，取締役会のガバナンスに関するすべての事項について議長にレポートしなければならない。このことは，カンパニー・セクレタリーが，他の経営に関する責務についてCEOや他の社内取締役にもレポートすることを妨げるものではない。カンパニー・セクレタリーの報酬は報酬委員会が決定する。

- 議長の指示の下で，カンパニー・セクレタリーの責務は，取締役会とその委員会，経営陣と社外取締役の間での良好な情報の流れを確保すること，また，就任プログラムの促進，取締役会に対する研修の手配と必要に応じた専門能力開発の支援を含んでいる。

- カンパニー・セクレタリーは，取締役の知識と能力を開発し向上させるために必要なリソースを，会社が提供するよう手配をしなければならない。これは，特定の取締役にふさわしい方法で行われるべきであり，取締役会または委員会における取締役の実効性を高めるという目的を持ち，取締役会評価の結果と一致する方法で行われるべきである。

- 取締役，特に社外取締役が，会社の取締役としての責任を果たす必要があると判断した場合に，会社の費用で独立した専門家のアドバイスを受けることができるようにすることは，カンパニー・セクレタリーの責任である。委員会に対しては，その責務を引き受けるために十分なリソースが提供されるべきである。

- 取締役会が適切に機能するために必要な方針やプロセスを確立するために議長を支援することは，カンパニー・セクレタリーの役割の中心的な部分である。議長及びカンパニー・セクレタリーは，取締役会及び会社のガバナンス・プロセス（例えば，取締役会及び委員会の評価）が目的に適しているかどうかを定期的に確認し，会社のガバナンスを強化する可能性のある改善またはイニシアチブを検討すべきである。

- カンパニー・セクレタリーは，社外取締役との信頼を保ちながら，議長，上級独立社外取締役，社外取締役との相互信頼関係を築くことで，自身の実効性を高めることができる。カンパニー・セクレタリーは，執行と取締役会の

間で独自の立場にあり，従業員の行動，金銭的な不正，その他の問題によっ
て生じた懸念に対して責任を負うために適切な立場に置かれている。

（筆者注：ここでは，Non-Executive Directorを社外取締役，Dxecutive Directorを社内
取締役と訳している。）

　また，カンパニー・セクレタリーを中心とするコーポレートガバナンスのプ
ロフェッショナルの団体であるICSA（The Chartered Governance Institute，
旧称Institute of Chartered Secretaries and Administrators，1891年設立）に
おいては，取締役会に関連するカンパニー・セクレタリーの役目を提示してい
るが，FRCの内容とほぼ同じであり，FRC及びICSAはともに，コーポレート
ガバナンスの要である取締役会を支えることがカンパニー・セクレタリーの主
要な役割と記載している。

　カンパニー・セクレタリーの役割は，かつては株主名簿の管理そのほか株式
に関わる事務手続き，配当関連の手続きなど，事務的な仕事が主なものであっ
た。しかし，1992年のキャドベリー報告書に始まる一連のコーポレートガバナ
ンス改革に伴い，その責任の内容は変化しより戦略的かつ重要なものとなり，
コーポレートガバナンス・オフィサーとしての側面が強くなっていった[16]。

　カンパニー・セクレタリーのレポーティング・ライン（指示命令系統）を見
ると，必ずしも取締役会議長にレポートしているわけではない。上記のFRC
のガイダンスでは，「カンパニー・セクレタリーは，取締役会のガバナンスに
関するすべての事項について議長にレポートしなければならない。このことは，
カンパニー・セクレタリーが，他の経営に関する責務についてCEOや他の執
行取締役にもレポートすることを妨げるものではない。」となっている。

16　Andrew Kakabadse, Nadeem Khan, and Nada Kakabadse, *Leadership on the Board,
The Role of Company Secretary*, Central Archive at the University of Reading, 2017, p.
244 (http://centaur.reading.ac.uk/68907/1/Ch-16%20word%20version.pdf).

　FRCのガイドラインではカンパニー・セクレタリーの主な責務は取締役会に関わることとなっているが，実際はその業務の内容は企業により異なり，特に小規模な企業においては執行に関わる部分もかなり含まれることが多い。

　英国議会のコーポレートガバナンス・グループは，2012年，FTSE All Share企業[17]の取締役会に対してカンパニー・セクレタリーの実態について調査を行い，418人（CEO，執行取締役，議長，非執行取締役，カンパニー・セクレタリーを含む）から回答を得た。同調査では，誰にレポートしているかについて質問を行っているが，その答えはCEO，議長，CFO，法務部の順となっていた（複数回答）。50％以上の企業ではCEOにレポートしており，議長にレポートしている企業の割合（50％弱）を上回っている。また，規模が小さい企業であるほど，CFOにレポートするという割合が増えている（FTSE100社では13％だが，FTSE Small Cap企業[18]では31％）[19]。

　なお，ICSAによれば，カンパニー・セクレタリーの報酬は，規模や事業，地域などにより異なるとして，2018－2019年のカンパニー・セクレタリーの市場調査に基づき，ロンドン及び英国南東地域で**図表7－5**のような情報を提供している。

17　ロンドン証券取引所の上場企業のうち時価総額上位600社以上から構成される株価指数。
18　FTSE All Share企業の中でFTSE350企業より時価総額が小さな企業から構成される株価指数。
19　Society for Corporate Governanceのホームページより（https://www.societycorpgov.org/about76/roleofsecretary71）。
　なお，コーポレート・セクレタリーの責務の詳細については，Society of Corporate Secretaries and Governance Professionals, *The Corporate Secretary: An Overview of Duties and Responsibilities*, July 2013（https://higherlogicdownload.s3.amazonaws.com/GOVERNANCEPROFESSIONALS/a8892c7c-6297-4149-b9fc-378577d0b150/UploadedImages/HomePageDocs/Corp%20Secretary%20-%20Duties%20and%20Responsibilities.pdf）を参照のこと。

【図表7-5】カンパニー・セクレタリーの報酬

役割	平均ベースサラリー	上位25%は，以下の金額を超えるサラリーを得ている
グループ・カンパニー・セクレタリー	£143,000 - £201,000	£311,000
デピュティ・カンパニー・セクレタリー	£102,000 - £130,000	£184,000
アシスタント・カンパニー・セクレタリー	£64,000 - £82,000	£110,000

　英国のカンパニー・セクレタリーの一般的なキャリアパスとしては，同じ企業のカンパニー・セクレタリー部門でより上位のポジションを目指す，転職しより大きな企業のカンパニー・セクレタリーとなる，独立しコンサルタントとなる，などである。ICSAでは，優れたカンパニー・セクレタリーは社外取締役として活躍することが可能であると考えているが，現時点ではその事例は限定的である。

　なお，HSBCなど一部の金融機関のホームページや報告書などにおいて，カンパニー・セクレタリーの名前が取締役会メンバーの一覧の最後に記載されている。しかし，英国の会社登記所（Companies House）の記録では，当該カンパニー・セクレタリーは，カンパニー・セクレタリーとしての登記はあるが取締役としての登記はなされていない。取締役会を支える重要な役割を果たしている観点から，取締役ではないものの取締役会メンバー・リストにカンパニー・セクレタリーの名前を記載しているものと思われる。

米国企業の状況

　米国においては，そのような役割を担う責任者は，コーポレート・セクレタリーと呼ばれれている。主な責任としては，英国同様に，取締役会メンバーが，株主に対する責務を果たすために適切なアドバイスとリソースを得ることを確保する仕事である。米国でもコーポレートガバナンスのプロフェッショナルからなるコーポレートガバナンス協会（Society for Corporate Governance，旧

称 Society of Corporate Secretaries & Governance Professionals, 1946年設立）
がある。そこでは，主な責務は以下のように記載されている。英国とほぼ同様
な内容となっているが，SECの規制・監督が強いため，その役割においては，
英国と比較してより法的側面が強いと言われている。

> ・取締役会と委員会の会合に関するすべてのロジスティックスを管理する，そ
> 　れらの会合に出席し議事録をとる，取締役会のコミュニケーションを促進する。
> ・取締役会に対して，その役割と責任について助言する。
> ・新しい取締役のオリエンテーションを支援し，取締役の研修と能力開発を助
> 　ける。
> ・主要な企業の書類や記録を維持する。
> ・州の会社法，証券取引所の上場規則，SECへの報告や規則の順守について責
> 　任を負う。
> ・株の発行などに伴う業務，株主との連絡などのを含む株主との関係を監督し，
> 　招集通知を作成・配布する。
> ・株主総会に関するプロセスを管理する。
> ・子会社の管理とコーポレートガバナンス。
> ・コーポレートガバナンスの展開の状況を監視し，取締役会が自らの必要性と
> 　投資家の期待に合うようなコーポレートガバナンスの実務を構築する。
> ・コーポレートガバナンスの問題についての投資家とのコミュニケーションと
> 　エンゲージメントにおいて中心的な役割を果たす。

③　取締役会評価における事務局の役割

　それでは，取締役会評価において，取締役会事務局はどのような役割を果た
すことが期待されているのだろうか。

　まず，日本では，前述の日本コーポレート・ガバナンス・ネットワークの取
締役会事務局懇談会の有志による報告書によれば，事務局は評価を実務的に企
画・推進し，その実施を支えている。具体的な役割としては，以下のようなも
のがあげられている[20]。

・会社の特徴を考慮したうえでアンケート項目を編集する

・インタビューを企画する

・評価結果の集約・整理を行う

・評価結果に基づき，会社及び取締役会の強に・弱み・課題を取りまとめて報告案を起草する

・取締役会評価とその改善についてのPDCAサイクルを取締役会の年間スケジュールに組み込む

　また，海外においては，世界銀行グループの1つである国際金融公社（IFC: International Finance Corporation）が，コーポレート・セクレタリーの役割に関する報告書の中で，彼らが取締役会評価において果たす役割を説明している。同報告書では，コーポレート・セクレタリーを，多数の職務と責任を持ち，コーポレートガバナンス・システムの中心的な役割を果たしているとしたうえで，取締役会評価におけるコーポレート・セクレタリーの役割を，以下のように説明している[21]。

取締役会評価における役割

　コーポレート・セクレタリーは，取締役会がこれらの評価を効果的に実施するための主要なファシリテーターとしての役割を担っている。コーポレート・セクレタリーは通常，下記の項目について責任を負う。

① 組織の権限における評価の要件を特定し，それらを取締役会議長に報告する。

② 取締役会議長に要件を知らせ，どのような評価を行うべきかについて合意する。

---

20 日本コーポレート・ガバナンス・ネットワーク取締役会事務局懇話会有志「取締役会評価の活用と取締役会のPDCAサイクル—取締役会事務局の話す役割—」『商事法務』2019年4月5日号（No.2195）。

21 International Finance Corporation, *The Corporate Secretary: The Governance Professional*, 2016, pp.73-84（https://www.ifc.org/wps/wcm/connect/4b96fc61-80da-4508-98f7-8a3641e8178c/CG_CoSec_June_2016.pdf?MOD=AJPERES&CVID=llo4tQ-）。

③　評価の理由，評価の種類，および評価の実施方法を議長が他の取締役に
　説明するのを補佐する。

　取締役会が原則的に取締役会と委員会のパフォーマンス評価に合意すると，
コーポレート・セクレタリーは，通常以下にリストされた任務を担当すること
になる。

1．評価を社内で（通常はコーポレート・セクレタリーによって）実施するか，
　外部のコンサルタントを参加させて実施するかを決定する際に，取締役会
　に助言する。
2．評価の調査結果と取るべき行動を報告する方法を含む，評価のための核
　となる基準を取締役会が策定することを支援する。
3．インタビューに使用される質問票と質問が，会社固有の問題に対処する
　ように調整されていることを確認する。
4．質問票とインタビューの回答を分析する。
5．調査結果と推奨事項について議長と話し合う。
6．行動計画を策定し，合意された行動／スケジュールに対して進捗を監視
　する。
7．会社の年次報告書におけるコーポレートガバナンスの声明に，評価への
　言及が含まれるようにする。

取締役個人の評価
1．取締役会の個々のメンバーの評価を準備・企画することによって議長を
　援助する。
2．取締役個人に対する評価は，チームの一員としての取締役会メンバーの
　パフォーマンスに対する評価であることを取締役会に助言する。
3．取締役個人を安心させる。
4．社内取締役を評価する際には，経営陣としての役割に対する評価だけで
　なく，取締役会メンバーとしての評価も重要であると取締役会に助言する。
5．どの取締役が再選に立候補するべきか，あるいは取締役会から退任すべ
　きかを議長が決定するのを助ける。
6．取締役のトレーニング・プログラムを開発する。

取締役会議長に対する評価プロセス

　議長に対する評価を支援するうえで，取締役会事務局は通常，以下に記載されている任務を有する。

1．議長の評価を開始するよう，取締役会を主導するメンバーまたは上級独立社外取締役に促す。
2．評価がどのように行われるかについて助言する。
3．議長の評価に使用される基準について助言する。
4．どのような調査結果や推奨事項が取締役会全体にフィードバックされるべきかについて，取締役会議長と合意する。
5．評価の結果生じた行動について議長を補佐する。

　以上のように，日本と比較すると，主要国のカンパニー・セクレタリーあるいはコーポレート・セクレタリーは，取締役会による監督の枠組みの中での位置づけがより明確であり，より主導的・戦略的な役割を果たすことが期待されている。海外と日本では，取締役会の状況が異なるところも多いため，彼らの役割をそのまま日本の取締役会事務局にあてはめることはできない。

　しかし，今後，取締役会の構成が変化し，より一層の監督機能が求められるにつれ，日本においても取締役会事務局の役割と重要性に多くの関心が集まるとことが予想される。

第8章

投資家から見る取締役会評価と
その課題

8.1 │ 投資家から見る取締役会評価

これまでは，企業の立場で取締役会評価の実効性について検証してきたが，次に，投資家が取締役会評価をどのようにとらえているかについて説明する[1]。

① 国内投資家から見る取締役会評価

企業のコーポレートガバナンスを見るうえで，投資家にとって取締役会評価は重要な事項の1つである。2018年の生命保険協会の調査ではコーポレートガバナンスに関して取組みを強化する必要がある事項について，企業と投資家両方に対して質問した結果を示している（回答社：企業533社，投資家102社）。企業については，コーポレートガバナンスに関して今後取組みを強化する事項を，投資家に対しては，企業に強化を期待する事項を複数回答（3つまで選択可能）でたずねている。その結果においては，**図表8－1**に見るように，双方の見方が一致する項目と異なる項目がある。独立した社外役員については，投資家が期待しているにも関わらず，強化を図る企業の割合が低くなっている。一方で，取締役会評価については，双方の考えが一致しており，企業も投資家

1　投資家から見る取締役会評価については，高山与志子「日本企業における取締役会評価の現状と今後の課題」北川哲雄編『バックキャスト志向とSDGs/ESG投資』同文舘出版，2019年2月も参照のこと。

も同じく重要な事項であると考えている[2]。

【図表8-1】 コーポレートガバナンスに関して今後取り組みを強化する事項
（企業）・強化を期待する事項（投資家）

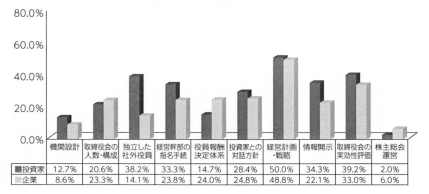

	機関設計	取締役会の人数・構成	独立した社外役員	経営幹部の指名手続	役員報酬決定体系	投資家との対話方針	経営計画・戦略	情報開示	取締役会の実効性評価	株主総会運営
■投資家	12.7%	20.6%	38.2%	33.3%	14.7%	28.4%	50.0%	34.3%	39.2%	2.0%
□企業	8.6%	23.3%	14.1%	23.8%	24.0%	24.8%	48.8%	22.1%	33.0%	6.0%

② 両コードのフォローアップ会議での議論

　また，金融庁の両コードのフォローアップ会議でも，投資家サイドから評価に関する発言がしばしばあった。以下，過去19回行われた各会合での，取締役会評価に関する投資家からの発言の中から主要なものを以下に記載する。

取締役会評価の意義

　「PDCAを廻して結果を開示するという意味で，取締役評価というのは大変意味がある。取締役会が当事者として，自分たちが選択した機関設計が形式ではなく実質的にどういうふうに機能したかということを，１年に一度振り返って，それを外部に発信するというのは，株主との対話にも大変寄与すると考える。機関投資家における，実質を伴わない外形による形式評価を排除する，あるいは，機関投資家が企業を理解し取締役会の機能をもう一度考えるための情報としても，取締役会評価を意味のあるものとして考える必要がある。」

2　一般社団法人生命保険協会『生命保険会社の資産運用を通じた「株式市場の活性化」と「持続可能な社会の実現」に向けた取組について』2019年４月19日，23頁。

　「（企業によって）戦略もボードの構成も違う。その戦略実現のために何が欠けていて，何をしなくてはいけないという見きわめがなければ，どのような独立取締役がどのぐらい要るのかという議論にならない。そう考えると，取締役会評価があって，そこで取締役会の構成とか必要人材の毎年のチェックがあって，取締役会の次のステップにつながってくる。」

評価の対象

　「先進的な会社は，委員会についてもその実効性評価をしている。これは大変重要なことである。」

　「政策保有株式について，取締役会で確認するということになっているが，であれば，取締役会の実効性評価の対象になるはずだ。取締役会でどういう評価をしたのか，それをほんとうにやっているということを実効性評価に絡めて開示してもらうという方法があるのではないか。」

第三者評価の在り方

　「取締役会評価は，評価を行って，その評価の結果が企業の戦略にとって関連性の高い候補者選びにつながっていくということが重要である。3年に1回外部の評価を受けるということが重要であると強調しておきたい。そのプロセスで，結論の重要な指摘事項については是非開示してほしい。」

　「取締役会評価については，自己評価がしっかりしていないと，第三者の評価ときっちりとかみ合わない。第三者の機関が評価するというのは，あくまで参考であって，やはり自分たちがどういう役割を持った取締役会をやってきて，どういうパフォーマンスであるかということをきっちり説明できるような自己評価を出すべきである。そして，それが外部機関からもアテストされることが望ましい。」

取締役会評価に関する開示

「原則4−11では，評価が実効性確保のための前提条件であり，評価をしないと実効性があがらないということが書かれている。この原則の趣旨に適うようにきちんと開示されているのかどうか，ここをもう一度確認すべきである。」

「取締役会が，企業価値の向上に向けて，具体的にどのような議論をし，それについて，みずからどのように評価しているかということを企業側が開示する必要があると思うが，十分とはいえない。まだまだここは開示を充実させる必要がある。」

「取締役会の実効性の評価で評価機関名の公表は必要だと思う。利益相反の問題の開示が公表の目的であると考えられる。」

③　海外投資家から見る取締役会評価

　取締役会評価に対しては，海外では多くの投資家の関心が集まっている。たとえば，米国では，評価については株主総会の招集通知に記載され，投資家が取締役の選任議案に投票する際に注視する項目の1つとなっている。米国の主要な年金基金がメンバーとなっている機関投資家の団体であるCIIが，2014年に発表した取締役会評価に関する情報開示に関する報告書で，徹底した取締役会評価を行うことが，取締役会のパフォーマンスを評価し，潜在的なギャップを見つけるうえで有益だとして，支持している[3]。

　英国議会のコーポレートガバナンス・グループにより，FTSE All Share 企業とEurotop100企業[4]を対象に行われた2013年の調査では，企業の投資家に対する見方は分かれている。図表8−2にみるように，投資家が評価のプロセスや結果に対して関心を示したかについては，「関心を示した」と回答する企業

3　Council of Institutional Investors (2014), *Best Disclosure: Board Evaluation*, September 2014 (http://www.cii.org/files/publications/governance_basics/08_18_14_ Best_Disclosure_Board_Evaluation_FINAL.pdf).
4　時価総額上位の欧州企業100社から構成される株価指数。

が51％，「関心を今まで示していない」が49％となっている。

　その5年後の2018年にFTSE 350企業とFTSE Small Cap企業を対象に行われた調査では，「関心を示した」と回答する企業が44％，「関心を今まで示していない」が56％となっており，投資家の関心が減ったとの結果となっている[5]。一方で，2018年の調査では，投資家にも同様な調査を行っており，評価に関心があると回答した投資家の割合が100％となっており，企業と投資家の間で評価の重要性に関する認識の差異が大きい[6]。

【図表8－2】評価のプロセスや結果に対する関心

	2013年	2018年
企業の回答		
投資家はしばしば関心を示す・大きな関心を示す	3％	4％
投資家はときどき関心を示す・ある程度の関心を示す	48％	40％
投資家は今まで関心を示していない	49％	56％
投資家の回答		
非常に関心がある	－	75％
関心がある	－	25％
関心がない	－	0％

　同報告書では，企業と投資家の間でどうしてこのような差異が出るのかについては，説明されていない。投資家においてはすべての企業に積極的にエンゲージメントをするわけではなく，優先順位をつけ投資家自身が重要視している企業についてはより深い対話を行う傾向があるため，企業によって受け取り方が異なることが1つの理由として考えられる。

　ところで，日本の主要な機関投資家に取締役会評価の開示に対する関心を聞

5　The All Party Parliamentary Corporate Governance Group, *10 Years of Reviewing the Performance of UK Boards Lessons from the FTSE All Share*, September 2013, p.47.

6　The All Party Parliamentary Corporate Governance Group, *15 Years of Reviewing the Performance of Boards Lessons from the FTSE All Share and Beyond*, June 2018, p.41 （https://www.appcgg.co.uk/15-years-of-reviewing-the-performance-of-boards/）.

いたところ，ある投資家は，最初は大きな関心を持って内容を精査していたが，多くの企業において，一定のひな型に基づいたような開示，取締役会の実効性は良好で問題なしとの開示が多かったため失望し，現在はそれほど関心を持って読まなくなったとのコメントがあった。

開示が不十分な場合は投資家からの関心が低くなることも，上記の企業と投資家の間の認識の差異の理由の1つとしてあげられるだろう。

8.2 取締役会評価の開示

取締役会評価において，企業と投資家をつなぐ大切な役割を果たすのが，評価の結果の開示である。しかし，評価結果の開示は，会社側の評価結果に対する認識・解釈が反映された内容となっている。また，どの程度開示するかについても，会社側の判断に任されているので，全体像が提示されないこともありうる。そのため，評価の結果とその実態については，企業の中と外の間に情報の非対称性が存在する。一方で，企業側においても開示についてさまざまな課題がある。

開示において企業が直面する主な問題としては，以下の3つがある。

まず，取締役会の実態は非常に機密性が高いものであり，企業は評価の結果をすべて開示するわけにはいかない。その一方で，企業は，評価の結果をもとに投資家と対話を進めたい，投資家も評価の開示内容をもとに企業の取締役会の状況を理解したいと考えている。そのような企業と投資家の対話を念頭に，どこまで開示するかは企業にとって非常に悩ましい問題である。

次に，評価の質とその結果が必ずしも一致しないという問題がある。表面的なチェックリストによる調査を実施し回答者がすべて○をつけるような評価であれば，評価の結果は大変良いものとなるだろう。

一方で，評価を通じて取締役会の課題を明らかにしたいと考え，メンバーが

真摯に評価に取り組んだ場合は，多くの課題が指摘されることになるだろう。重要な問題について徹底的に評価を行った企業が，よりネガティブな評価結果を示すことになる。

　英国のように，すでに長い期間にわたって評価が実施されている状況であれば，企業や投資家の間に良い評価に関する基本的なコンセンサスができている。「取締役会の実効性はすべての側面において優れていた」というような評価の開示を持ってして，その企業の取締役会の実効性が高いと判断されることはない。むしろ，課題について記載しそれに対する取締役会の取組みを示している企業が高く評価されている。しかしながら，評価の読み手において評価の実態に対する理解が進んでいない日本では，逆の判断となる可能性も否定できない。

　最後に継続性の問題がある。いったん開示した評価の結果については，その後も少なくとも同程度の詳細さ・内容についての開示が投資家から期待される。今後も開示のレベルを維持できるかどうかも，開示内容を決めるうえで，企業が考慮すべき問題の1つとなる。

　このような課題がある中，投資家と企業が，取締役会の開示をどう見ているかについて，以下に説明する。

①　投資家から見る取締役会評価の開示

　前述の生命保険協会の調査においては，投資家が開示の強化を求める項目についても示されているが，**図表8−3**に見るように，取締役会評価の開示はその上位の項目としてあげられている[7]。取締役会の実態は外部からは理解することが難しく，投資家にとっては，開示された評価の結果は取締役会を理解するための数少ない手掛かりとなる。

7　一般社団法人生命保険協会『生命保険会社の資産運用を通じた「株式市場の活性化」と「持続可能な社会の実現」に向けた取組について』2019年4月19日，23頁（https://www.seiho.or.jp/info/news/2019/pdf/20190419_3-all.pdf）。

【図表8-3】 投資家が開示内容の充実を期待する項目

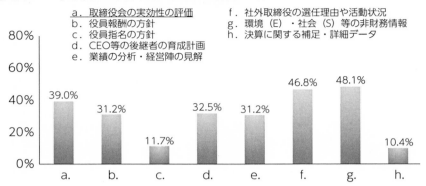

a. 取締役会の実効性の評価　　　f. 社外取締役の選任理由や活動状況
b. 役員報酬の方針　　　　　　　g. 環境（E）・社会（S）等の非財務情報
c. 役員指名の方針　　　　　　　h. 決算に関する補足・詳細データ
d. CEO等の後継者の育成計画
e. 業績の分析・経営陣の見解

　投資家にとって評価の開示は，取締役会の実効性を理解するうえで重要な情報である。ただし，企業によって開示内容にばらつきがある。開示が進んでいる英国においても，一部企業の開示に対して投資家は不満を示している。前述の英国議会コーポレートガバナンス・グループによる2013年の調査[8]，および同グループによる2018年の調査[9]で，投資家は以下のように述べている。

　「企業は，（評価の開示においては）投資家がほとんど信じない無意味で中身のない表現ではなく，評価の結果に対するよく考えられたフィードバックを示してほしい。」

　「投資家は，評価の結果わかったことや改善すべきであるとされた分野についてのより良い一貫した開示を求めている。」

　しかしながら，投資家はすべての開示を望んでいるわけではない。これらの

8　The All Party Parliamentary Corporate Governance Group, *10 Years of Reviewing the Performance of UK Boards. Lessons from the FTSE All Share*, September 2013, pp.48-49.
9　The All Party Parliamentary Corporate Governance Group, *15 Years of Reviewing the Performance of Boards Lessons from the FTSE All Share and Beyond*, June 2018, pp.43, 46（https://www.appcgg.co.uk/15-years-of-reviewing-the-performance-of-boards/）.

調査では，以下のようなコメントも投資家から寄せられている。

「評価の開示は株主にとってより有益なものとする必要があるが，機密情報の開示を求めてはいない。」

「第三者評価の結果については，機密性が維持されるべきである。あまりに透明性を求めると，評価の性格を変えてしまい，破壊的な影響をもたらす可能性がある。評価は株主に直接的に役立つというよりはむしろ，評価を実施した取締役会にとって有益なものであるべきである。」

「株主が，取締役会評価の特定の結果に関するあまりにも多くの情報を求めるのは間違いであると信じる。仮に取締役会評価が実質的に一般に公表されるプロセスになると，それは評価の性格を根本的に変える。評価は，取締役会の向上のためというよりはむしろ，株主とのコミュニケーションの道具となってしまう。」

「取締役会評価の主な目的は，株主が取締役会の運営を精査することができたと単に言えるようにすることよりはむしろ，取締役会のパフォーマンスを改善することにあることを，見失わないようにしなくてはならない。」

なお，投資家が求める開示の内容については，**第10章　取締役会評価に関するQ&A**で具体的に記載している。

②　企業から見る取締役会評価の開示

企業にとっては，機密性を維持しながらどこまで開示するかが大きな課題となる。このような機密性と開示の関係については，上記調査において英国企業からは以下のコメントが寄せられている[10]。

154

「（投資家が評価の結果について）あまりに関心を持ちその内容を知ろうとするならば，企業は評価の対応に関する正直さを損ない，その結果，評価の有効性を失うことになるかもしれない。」

「投資家が評価の詳細についてより大きな洞察力を持った瞬間に，取締役は評価に十分に関わることをやめてしまうだろう。」

「評価の結果は取締役会の中だけにとどめ機密性を有すること，また，投資家はその開示を求めない，ということが，非常に重要である。」

　日本でも，英国同様に限定的な開示を行う企業がほとんどである。ただし，過去には例外的なケースもあった。

　ある企業では，同社の不祥事に関連して第三者委員会がコーポレートガバナンスの評価・検証も行った[11]。同社の取締役会は，この調査と同時期に取締役会評価を行ったが，取締役会による経営の透明性を図ることが特に重要であるとの考え方のもと，取締会評価の結果について詳細な開示を行った[12]。現在もそのような詳細な開示が継続している[13]。

　しかし，このような有事の最中にある企業，あるいは，過去の有事の影響をまだ受けている企業における評価の開示は，通常の企業とは異なる状況にあると考えられる。平時において取締役会の実効性向上を目指して行われる評価においては，投資家との対話を念頭に置きつつも，開示の範囲が限定的となるの

10　The All Party Parliamentary Corporate Governance Group, *10 Years of Reviewing the Performance of UK Boards Lessons from the FTSE All Share*, September 2013, p.48.
11　株式会社王将フードサービス，コーポレートガバナンスの評価・検証のための第三者委員会『調査報告書（公表版）』2016年3月29日（http://219.99.171.189/webcm/pdf/2016.3.29_1.pdf）。
12　株式会社王将フードサービス『当社の取締会評価の結果の概要について』2016年3月11日（https://www.ohsho.co.jp/webcm/pdf/20160311.pdf）。
13　株式会社王将フードサービスの取締役会評価については，渡邊雅之『実例に基づく取締役会評価の最善の手法と事例』日本法令，2016年11月にも詳しく紹介されている。

が通常である。

8.3 | 取締役会評価と議決権行使

　この項では，取締役会評価の開示と投資家の議決権行使の関係に焦点をあてて，現状を解説する。投資家は企業に対してさまざまな形でエンゲージメントを行うが，その中でも取締役選任議案に対する議決権行使は，投資家と企業双方にとって非常に関心が高い事項である。

①　取締役会評価と取締役選任議案

　現在，海外の主要な機関投資家においては，取締役選任議案と評価の結果は相互に関連するものと認識されている。グローバルな機関投資家の国際組織であるICGNにおいては，ICGNグローバル・ガバナンス原則において，取締役会評価の項で「取締役会は，取締役会自身（集合体として），カンパニー・セクレタリー（かかる役職が存在する場合），取締役会の委員会，そして個々の取締役について，その再任に先立ってそのパフォーマンスを厳格に評価すべきである。」と記載している[14]。また，ICGNのCEOであるケリー・ワリング氏は，両コードのフォローアップ会議に出席した際に，「取締役会評価は，評価を行って，その評価の結果が企業の戦略にとって関連性の高い候補者選びにつながっていくということが重要である。」と述べている[15]。

　また，米国の機関投資家の団体であるCIIも，取締役会評価の開示に関する報告書[16]において，「投資家は，取締役選任に関する投票の意思決定を知らせ

14　ICGN, *ICGN Global Governance Principle*, 2017, p.17（http://icgn.flpbks.com/icgn_global_governance_principles/ICGN_Global_Governance_Principles.pdf）.
15　金融庁・株式会社東京証券取引所，スチュワードシップ・コード及びコーポレートガバナンス・コードのフォローアップ会議，第11回議事録，2017年10月18日（https://www.fsa.go.jp/singi/follow-up/gijiroku/20171018.html）.
16　CII Research and Education Fund, *Board Evaluation Disclosure*, January 2019, p.6（https://docs.wixstatic.com/ugd/72d47f_e4206db9ca7547bf880979d02d0283ce.pdf）.

るうえで取締役会評価の開示を利用する。」「 評価のプロセスは，現在就任している取締役を再度指名しないという意思決定を促すことになるかもしれない。そのようなケースでは，確固たる評価の開示により，なぜ取締役会がある取締役が退任すべきであると決めたのか，そして，新しい候補者において取締役会がどのようなスキルを求めているのかを伝えている。」と述べている。

　同報告書では企業の具体的な開示例もあげているが，そこでは取締役候補の選任について次のように説明されている。

　「我々の取締役会は，実効性ある取締役会のサクセッション・プラン及び刷新に尽力しており，それらは，必要に応じて各取締役との率直かつ困難な会話をすることを含んでいる。過去には，取締役自らが（個人的あるいはプロフェッショナルな理由のために）次の株主総会の候補者とならないことを決めたり，あるいは，取締役が（取締役会及び会社に対する継続的な貢献に関する理由のために）次の株主総会の候補者にならないよう要請されたことがあった。」

　また，英国においても，前述のように，コーポレートガバナンス・コードにおいて，取締役候補者を取締役会に推薦する役割を負っている指名委員会の責務と評価の関係について，以下のように定めており，企業に対して，評価の結果を参考にしながら取締役候補を選任することを求めている。

　「取締役会は，指名委員会の仕事についてアニュアルレポートで説明しなければならない。その内容は以下のものを含む。（途中略）
　どのように取締役会評価が実施されたか，第三者機関が取締役会及び各取締役に対して行ったコンタクトの性質と程度，評価の結果とそれに対してとられた行動，そして，それがどのように取締役会の構成に影響を与えたか，あるいは今後与えるか。」

　ただし，評価の開示においては，個々の取締役の評価の結果は示されず，取締役会全体の構成などに対する言及にとどまるのが通常である。よって，海外の投資家においては，取締役会全体及び個人の評価に関するプロセスの開示，および，取締役会全体の構成に対する評価の開示にもとづき，議決権行使の判断をすることになる。一方で，日本においては，投資家も企業も取締役会評価と取締役選任議案を明確に結び付けている例はほとんど見られない。投資家サイドにおいて評価の結果を議決権行使に活用されていない理由の1つとして，国内外における評価の開示の時期の違いがあげられる。

②　取締役会評価の開示の時期

　米国においては，多くの企業が株主総会の招集通知において取締役会評価を開示している。前述のEYの評価の開示に関する調査によれば，フォーチュン100企業のうち93％が招集通知で評価の開示を行っている。また，英国では，アニュアルレポートと呼ばれる年次報告書（日本と異なり同報告書は法定開示書類であり，日本の有価証券報告書のような位置づけである）において，取締役会評価の開示を行うことが求められている。年次報告書は株主総会の前に提出され，投資家はその内容をもとに議決権行使を行うことが可能な状況にある。

　一方で，日本においては，取締役会評価の開示は，主としてコーポレートガバナンス報告書においてなされている。同報告書は株主総会の後に発表され，投資家が直近の評価の結果をもとに議決権行使に対する判断を行うのは，ほぼ不可能な状況にある。今後，日本において取締役会評価の位置づけが変化すれば，それに伴い開示の時期や在り方も見直される可能性がある。

第9章

コーポレートガバナンスをめぐる
企業と投資家の対話

　取締役会評価は，開示を通じて投資家と対話する重要な手段であるが，この章では，評価に限らず企業と投資家の対話全般について説明する。日本における企業と投資家の対話については，IR活動の分野では90年代後半から20年以上の長い時間をかけてベストプラクティスが構築されてきた。IRでは，財務情報及び財務情報に直結する企業戦略や中期経営計画などの話がこれまで中心となってきた。一方，近年においては，スチュワードシップ・コードとコーポレートガバナンス・コードが制定され，企業と投資家の間でコーポレートガバナンスに関する対話のための共通の基盤ができたこと，日本最大の公的年金基金であるGPIFがESG投資に力を入れるなど，アセット・オーナーや運用機関の間で非財務情報についての関心が高まるなどの変化を受け，コーポレートガバナンスに関する対話が近年急速に増加してきた。

9.1 ｜ 平時における対話

　まず，平時における企業と投資家の対話の状況について説明する。

①　対話の内容
　投資家とESGに関する対話の状況については，GPIFが2019年1月から2月にかけて調査した第4回機関投資家のスチュワードシップ活動に関するアンケート集計結果（対象：東証一部上場企業2,129社，アンケート回答社数604社）

が，具体的な情報を提供してくれる。同調査によれば，ESGをはじめとする非財務情報の投資家への説明の場は以下の**図表9－1**のとおりとなっている。また，前年と比較すると，特に（対話について）何もしていないとする企業の割合が，24.7%から20.7%と減っており，対話を行う企業が増えている[1]。

【図表9－1】 非財務情報の説明の場

説明の場	2019	2018
決算説明会	45.4%	42.6%
IRミーティング	72.0%	69.8%
ESG等に特化した説明会	8.4%	4.8%
特にしていない	20.7%	24.7%

　また，ESG活動における主要テーマ（最大5つまで選択）については，以下の図表9－2のような順位となっている。コーポレートガバナンスが最も多く取り組まれているテーマであり，前年より同テーマをあげる企業の割合が増えている[2]。ESGの対話においても，コーポレートガバナンスに関する話題が中心となっているものと推測される。なお，取締役会評価も10位に入っている。

【図表9－2】 ESG活動における主要テーマ

順位	テーマ	2019	2018
1	コーポレートガバナンス	71.2%	67.4
2	気候変動	45.5%	36.3
3	ダイバーシティ	41.6%	43.0
4	人権と地域社会	34.4%	33.8
5	健康と安全	33.3%	32.5
6	製品サービスの安全	32.0%	30.5
7	リスクマネジメント	27.5%	26.7

1　GPIF第4回機関投資家のスチュワードシップ活動に関する上場企業向けアンケート集計結果（https://www.gpif.go.jp/investment/stewardship_questionnaire_04.pdf），p.14.
2　GPIF第4回機関投資家のスチュワードシップ活動に関する上場企業向けアンケート集計結果（https://www.gpif.go.jp/investment/stewardship_questionnaire_04.pdf），p.18。

8	情報開示	21.2%	21.5
9	サプライチェーン	16.9%	17.9
10	取締役会構成・評価	15.4%	14.2

②　投資家の見方

　筆者はこれまで投資家と企業のESGに関する対話の場に参加する機会が多かったが，それらの対話において，G（コーポレートガバナンス）に関して寄せられた機関投資家のコメントの中からいくつかを以下に紹介する。

国内日系投資家

　「取締役会はその構成が重要である。例えば，スキル・マトリックスを使用して示してもらえると企業の考え方が見えてくる。「スキル」という表現はあまり好ましくないかもしれないので，「主な役割」といった表現でも良い。」

　「指名報酬委員会の社内社外の構成について取締役会で議論はあるか。社外取締役の過半数化について議論はあるか。これらについて知りたい。」

　「取締役会をよりよくするための方法に関して，社外取締役の意見としてはどのようなものが出たのか。また，取締役会評価を実施したという事だが，社外取締役からの指摘にはどのようなものがあったのか。」

国内外資系投資家

　「CEOのサクセッション・プランの詳細について知りたい。」

　「ESGのうち，Gだけを切り離して考えている。Gがしっかりしている企業の経営陣であれば，EとSについてもしっかり判断しサステナブルな状況を作っていくだろうと考えているからだ。」

海外投資家

　「コーポレートガバナンスと企業文化のさらなる向上を期待する。多様性のある取締役会，過半数の独立社外取締役を期待する。」

　「社外取締役が過半数であることは重要であり，そのような取締役会でなされる決定は独立であると判断する。そうでなければ，取締役会でなされる決定は，本来的に「社内的」である。」

　「取締役会の独立性，指名，報酬，監査など重要な委員会の独立性，そして，TSR・資本利益率（ROC）・ROEなどに基づく長期のインセンティブ・プランの内容を重視しながら，企業を分析する。」

③　対話の責任者

　このような対話を行う企業側の担当者については，上記の調査にあるESG関連の説明の場として決算説明会やIRミーティングが多くあげられていることから，日本企業でそのような対話を主導するのはCEOやCFOなどの経営陣であり，彼らにレポートしているIR担当者が実務を行っていると考えられる。

　他方，海外では，IRとESGに関する対話は担当が異なることが多い。経営・執行サイドがIRを管掌し，監督サイドがESGに関する対話を管掌する。ESGについては，社外取締役を中心とした取締役会がイニシアチブをとって行うことが多い。その状況をよく表しているのが英国の大手エネルギー企業BHPの年次報告書における投資家・株主とのコミュニケーションの状況の図である[3]。コーポレートガバナンスの要である取締役会がESGに関する対話を主導する状況が見てとれる。日本においても，取締役会の監督機能がさらに強化され取締役会の構成が変化するにつれ，ESGのコミュニケーション対応が執行サイドら取締役会へ，実務の担当者がIR担当者から取締役会事務局やESG担当者に移行

3　*BHP Annual Report 2018*, p.104 (https://www.bhp.com/-/media/documents/investors/annual-reports/2018/bhpannualreport2018.pdf).

していくことが予想される。

【図表９－３】BHPにおける株主・投資家との対話の構造

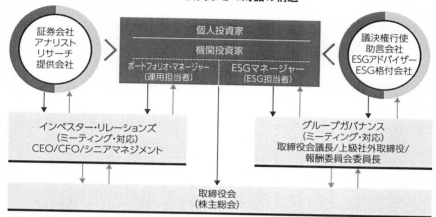

④　ガバナンスとコーポレートガバナンス

　このようにESGに関連する対話は増加しつつあるが，１つ留意すべきことがある。ESGの１つであるガバナンスとコーポレートガバナンスの関係である。

　ESGは，環境Environment，社会Society，ガバナンスGovernanceの略であるが，ガバナンス　イコール　コーポレートガバナンスではない。ガバナンスは，コーポレートガバナンスを含んだより広い範囲を包括する概念である。その関係を明確に示しているのが，ロンドン証券取引所が2018年に出したESG報告に関する企業向けのガイダンスである。同ガイダンスでは，企業がESGに関する重要なテーマを決定するうえで役に立つ指標として，FTSE Russel（FTSE Russellは，大手インデックス・プロバイダーであり，ロンドン証券取引所グループが行っているビジネスの１つである）のESG格付けの内容を紹介している。

　同格付けでは，ESGそれぞれに関する主要な項目が記載されているが，ガバナンスについては以下のものが含まれている[4]。

【図表９－４】FTSE Russel におけるESGの項目

環境	社会	ガバナンス
生物多様性	顧客に対する責任	コーポレートガバナンス
気候変動	健康と安全	リスクマネジメント
汚染と資源	人権と地域社会	税の透明性
水資源の安全性	労働基準	腐敗汚職防止

コーポレートガバナンスは，経営を監督する仕組みであり，基本的には取締役会の役割・機能や活動状況がその主要なテーマとなる。それ以外のガバナンスの項目としてここに記載されているリスク・マネジメントなどの項目は，経営の範疇に入るものである。企業の持続的な成長を支えるために，経営者が責任を持ってこれらの点も含めた適切な社内体制・ガバナンス体制を構築し，それを取締役会が監督するという構造になる。

海外企業や投資家においては，経営とコーポレートガバナンスの区別は明確になされているが，日本においては，しばしば混同されている。たとえば，内部統制とコーポレートガバナンスを同じ範疇で扱う議論が見られるが，内部統制は，業務が適正・適法に行われる組織・体制を構築することであり，経営陣が責任を持って行うべきこと，つまり経営の中の１つの要素である。

それに対し，取締役会は，そのような内部統制が適切に機能しているかどうかを検証・監督する。この取締役会の監督がコーポレートガバナンスの範疇となる。内部統制に関連する事柄として，子会社に対する管理があげられることが多いが，たとえば海外の子会社で不祥事があった場合，まずは，そのような管理の体制を適切に構築してこなかった経営陣・経営の問題となる。そして，グローバルな管理体制が適切に機能しているかどうかについて，取締役会が経営陣まかせで何も検証してこなかった，適切に監督してこなかったということ

---

4 London Stock Exchange, *Your Guide to ESG Reporting*, January 2018, p.16（https://www.lseg.com/sites/default/files/content/images/Green_Finance/ESG/2018/February/LSEG_ESG_report_January_2018.pdf）.

が明らかになれば，コーポレートガバナンスの問題となる。

　同様に，リスク管理（Risk Management）は経営（Management）の範疇であり，そのリスク管理体制がきちんと機能しているかどうか，取締役会が監督する・チェックするというリスクの監督（Risk Oversight）は，コーポレートガバナンスの範疇である。

　日本では，コーポレートガバナンス，ガバナンス，企業統治（本来はコーポレートガバナンスに対応する日本語訳），統治（本来はガバナンスに対応する日本語訳）という4つの言葉を，混同して使っている。投資家とのコーポレートガバナンスの対話，ESG全般の対話を行う際には，これらの概念を整理したうえで臨むことが望ましい[5]。

9.2 | 有事における対話

　企業と投資家の対話においては，平常時の対話以外に，敵対的買収やプロクシー・ファイトなどの有事における対話も存在する。有事においては，対立する二者の属性は，企業対企業，現経営陣対創業家，企業対投資家などいろいろなケースがあるが，いずれにしても，株主に対して，どちらがより株主価値を上げることができるかを説明したうえで，選択してもらうというプロセスになる。その際には，経営の基本方針，具体的な戦略など経営に関する議論をまず行うことになるが，加えて重要なのは，コーポレートガバナンスに関する議論，つまり，取締役会に関する議論である。

　中期経営計画を示し，3年後，あるいは5年後にこのような事業構成にする，このような業績を目指すという経営に関する説明は，いかに説得性があるものであっても，実際にそのとおりになるという保証はない。それをより確かなも

5　ただし，欧米においても，文脈上，コーポレートガバナンスに関する議論であることが明確な場合は，コーポレートガバナンスを略してガバナンスと表現することがある。

のにするための存在として，経営を適切に監督する取締役会がある。有事のように二者択一で投資家が選択をしなければならない時はなおさら，取締役会が実効性を持って経営を監督することが可能かどうかが，重要なポイントとなる。

　では，取締役会の在り方についてどのような説明をすれば，投資家を納得させることができるのだろうか。ここでは，有事の例として，2019年6月のLIXILグループの総会をめぐる株主と会社側のプロクシー・ファイトを取り上げることにする。

　同社については，大企業においてはじめて株主提案が通った事例として，2019年の総会の中で最も注目された総会の1つとなっている。両陣営が株主に対して提示したメッセージの内容について，取締役会の実効性において最も重要な要素の1つである取締役会の構成という点に絞り，比較分析を行うことにする。

　会社側及び株主側の取締役候補者から見る取締役会の構成については，双方の開示情報や投資家向けの説明会でのプレゼンテーションをもとに，以下のようにまとめることができる。なお，株主提案の候補のうち会社側提案にも入っている2名の候補については，当人の承諾なしに会社側候補とされ，かつ，両人とも会社側候補となることを固辞していたため，この2名については会社側ではなく株主側の候補者として分析している。

【図表9－5】会社側提案と株主側提案における取締役会の比較

	会社側	株主側
取締役会の規模（人数）	8人	8人
社外取締役の人数	7人	4人
社内取締役の人数	1人	4人
社内取締役の構成	CEO候補者を含まない 社外取締役候補者が暫定CEO	CEO候補者を含む 元CEOである社内取締役候補

	となり，総会後，3-6か月を かけて次期CEOを探す	者を総会後CEOに指名する
議長の属性	社外取締役	（開示なし）
社外取締役の兼任 状況	一部取締役において，多数の 上場企業の取締役，議長との 兼任が見られる	兼任は限定的
取締役候補の資質 ・経験	上場企業の経営経験者，海外 M&A，海外事業，海外子会社 の管理等に関する知見・経験， 大規模な持ち株会社のCEO経 験者，財務会計の知見，内部 統制の知見など	**取締役（社内・社外含む）の資** **質・経験** 　経営全般・リーダーシップ， 　グローバル事業，デジタル， 　企業再生，会計・財務，内 　部統制，コーポレートガバ 　ナンス **社内取締役の資質・経験** 　主要企業・事業におけるリー 　ダーシップ，海外事業，生産， 　マーケティング，財務，IR・ 　広報

　会社側においては，8人の取締役のうち7人を社外取締役とし，社外取締役が圧倒的多数である。そして，社外取締役が議長を務める，社外取締役の候補者においては上場企業のCEO経験者を多くそろえるという構成をとっており，取締役会の監督機能を高めるというのが主要なポイントとなっている。ただし，ここでは同社の業務を理解している社内取締役は1名のみとなっている。

　他方，株主側は，8人中4人を社外取締役とし，4人を社内取締役とした。LIXILがグローバルに展開する複雑な事業形態を有するという現状を踏まえて，経営の現状や課題を十分に理解し社外取締役に十分な情報提供ができる社内取締役が一定数以上いることが，社外取締役の監督機能を形式ではなく実効性あるものにするために必要であるとの主張であった。

　また，海外の企業の招集通知などでよく示されている，各取締役の資質・スキルをまとめて一覧でわかるよう示したスキル・マトリックスについては，株

【図表9-6】 株主側提案における取締役会のスキル・マトリックス

	経営全般・リーダーシップ (CEO経験)	グローバル事業	デジタル	企業再生	法務	財務・会計	内部統制	コーポレートガバナンス	LIXILにおける重要な業務執行の経験					
									主要企業・事業におけるリーダーシップ	海外事業におけるリーダーシップ	生産	マーケティング	財務	IR・広報
社外取締役候補														
西浦裕二	○	○				○	○	○						
鬼丸かおる			○		○		○	○						
鈴木輝夫		○		○		○	○	○						
濱口大輔		○			○	○	○	○						
社内取締役候補														
伊奈啓一郎									○	○				○
川本隆一	○	○					○	○	○	○	○			
吉田聡								○	○	○	○	○	○	
瀬戸欣哉	○	○		○			○	○	○	○		○	○	○

主側から**図表9−6**のように提示された（会社側からは同マトリックスは提示
されなかった）。

　この株主側が提示したスキル・マトリックスの特徴は，社外に求められる資
質・スキルと社内に求められる資質・スキルを分けて記載したことである。英
米企業で多く見られるスキル・マトリックスにおいては，社外・社内をまとめ
て1つのマトリックスにするのが一般的である。英米では社外取締役がほとん
どを占めるため，取締役会のマトリックスは，社外取締役のマトリックスとほ
ぼ同一であるからである。

　しかし，今回のケースでは，株主側においては，取締役会の監督機能の実効
性という観点から一定数以上の社内取締役が必要と主張をしており，その主張
の内容との一貫性の観点から，社内取締役のスキル・マトリックスを別途示し
たものと推測される。

　また，社内取締役の構成については，株主側は社内取締役候補にCEO候補
者を含んでいた。一方で，会社側は，当初，「法令に照らし，本定時株主総会
以降の代表執行役（社長・CEO）を含めた当社の執行体制については，新し
く組成される取締役会及び指名委員会の責任のもとに，選任・選定されるべき
である。」としていた。その後，社外取締役を暫定CEOとし，総会後に3〜6
か月かけてCEOを探すとした。その間は実質的なCEOが存在しないためCEO
の空白期間ができるが，会社側は，純粋持株会社であるグループのCEOと事
業会社のCEOは異なること，LIXILの場合は持株会社でありコーポレートガバ
ナンス（監督）が主体であるため，暫定CEOであっても事業・経営に大きな
支障がないとしている。

　一方で，株主側は，LIXILグループの事業の現状を踏まえると，経営の継続
性が非常に重要でありCEOの空白期間は避けるべきであること，同社は純粋
持株会社としてスタートしたものの現状は事業持株会社であるため，同社の
CEOは単なる監督ではなく事業経営を行わなければならないことを主張し，
ここでも，会社側と株主側の主張が異なった。

　以上の状況を海外企業の取締役会と比較してみると，英米，特に，米国では，社内はCEOが1名，あとは社外取締役という企業が多く，社外取締役の人数・割合では，会社側提案の取締役会の構成のほうが英米企業により近くなっている。しかし，海外では，ドイツなどの二層制の取締役会制度をとっているところは別として，企業のリーダーとして経営に責任を持っているCEOが入っていない取締役会は，持株会社であるかないかにかかわらず，ほとんどないといってよい。

　今回は有事という特殊な状況であるが，企業のこれからの経営とその監督をゆだねるという観点から2つの取締役会案のうちどちらか1つを選択する総会において，暫定CEO候補しかいない会社側の取締役会の構成は，日本のみならずグローバルな事例を見てもかなり特殊なケースであると考えられる。

　LIXILグループの株主は，取締役会の外的形態のみならず，取締役会が監督機能を実際に発揮し株主価値を上げることができるのかという実質面において，会社側と株主側の取締役候補の選任議案を比較することが求められた。その結果，2019年6月25日に開催された株主総会では，株主側候補が全員選任された。しかし，選任された候補者14人中11人が賛成比率50％台という状況であったことから，株主にとって困難な選択であったと推測される。

　コーポレートガバナンス（取締役会による経営の監督）はそれ自体が目的ではなく，株主価値を向上させるための手段である。今回の総会においては，多くの機関投資家株主や個人株主が，株主価値の観点から投票したと思われる。そのような株主の重要な意思決定を可能とするためには，取締役会の状況について，単に形式を整えて提示するのではなく，その実効性に踏み込んで説明することが求められる。今後，平時・有事を問わず取締役会の在り方と株主価値との関連性をどう示していくかが，投資家と企業の対話において重要なテーマとなっていくだろう。

第 10 章

取締役会評価に関するQ&A

10.1 | 取締役会評価に関する質問全般

　これまで，筆者は，取締役会評価に関して，社内外の取締役・監査役，そして，取締役会事務局から，多くの質問を受けてきた。その内容は多岐にわたるが，2015年にコーポレートガバナンス・コードが制定された直後は，どのように評価を実施するのかというプロセス・実務に関する質問が多かった。しかし，企業が評価の経験を重ねるにつれ，質問の内容は取締役会の監督機能の発揮とそれを実現するための評価の位置づけに関するものへと変わっていった。

　本章では，企業から寄せられた質問の中から100問を選び，それに対する答えと共に紹介する。質問の内容は，評価の手法の細部に関する技術的な質問（しかしながら，評価の実務を担当する取締役会事務局にとっては重要な問題である）から，取締役会の監督機能の本質に関わる事項まで，さまざまである。取締役会評価の実務に直接関わらない項目（取締役会の構成や運営の在り方，サクセッション・プラン，投資家との対話など）も多く含まれるが，それらも取締役会の実効性においては重要な要素であるため，あわせて提示する。

　なお，回答の内容については，既に本書で言及されている内容と重なるところも多いが，QA形式での説明のほうがより理解しやすいと考える取締役会関係者も多いため，重複を恐れず記載している。関係する章もあわせて読まれることをおすすめする。

10.2 | 取締役会評価・取締役会に関する100問100答

① 取締役会評価の手法・内容

1）手法全般

Q1　取締役会評価の手法にはどのようなものがあるか。

A1　評価の主要なプロセスとしては，質問票に書面で回答することによる評価，個別インタビューによる評価がある。取締役会などでのグループ・ディスカッションによる評価を行うケースもある。これらの中の一部分，あるいはすべてを組み合わせて評価を行う。日本企業の多くは質問票を使用した評価を実施している。また，すべてのプロセスを自社で行う自己評価と，第三者機関が関与する第三者評価がある。

Q2　毎年，同じような形式で取締役会評価を実施しているため，ややマンネリ化している。取締役会から何か新しい評価の手法はないかと聞かれているが，どう対応したらよいだろうか。

A2　質問票による自己評価を数年実施したあと，新しい評価の手法として，第三者機関が関与する第三者評価を実施しインタビューによる評価を加える企業が少しずつ増えている。質問票による自己評価を継続する場合は，毎年の取締役会，事業・経営の状況に合わせて質問票の評価項目を変化させていく企業が多い。たとえば，中期経営計画の策定の時期であれば，その過程で十分な議論が取締役会で行われたか，各取締役がその議論にどのように貢献したかなどを検証することが考えられる。同計画がスタートした後では，取締役会で十分なフォローアップが行われているか，目標との乖離がある場合はその原因の確認と対応について経営陣から十分な説明があり，取締役会で現状に対する十分な認識を持ったうえで議論ができているかどうかなどを検証することが考えられる。

Q3　経営陣が自社独自の取締役会評価の手法を求めているが，それは可能か。

A3　評価の手法に大きな差異はないため，独自の評価プロセスを見つけることは難しい。A2にあるように，むしろ評価の対象，項目に注目し，自社がおかれている状況を反映した評価を行うことが考えられる。たとえば，経営環境が急速に変化するIT企業と，規制のもとで事業を展開する金融セクターの企業とでは，取締役会に求められる監督機能の内容が異なるかもしれない。自社にとってふさわしい取締役会の在り方を明確にしたうえで，それをもとに評価の内容を決めていくことで，自社独自の評価が可能となるだろう。

Q4　取締役会評価の内容は国によって異なるのか。日本と海外の評価の差異は何か。

A4　国内外において評価のプロセスに大きな差異はない。ただし，1990年代から取締役会の監督機能の強化を図り現在に至っている欧米と，コーポレートガバナンス・コードの制定以降，いわゆるモニタリング・ボード化に向けて大きく舵を切った日本の間では，取締役会及び取締役の責務に関する取締役メンバー間のコンセンサスの度合いが異なる。欧米企業の場合は，取締役会の役割・機能に関して取締役会の間で十分な合意ができており，それに基づいて，評価を実施するケースが多い。一方で，日本においては，そのような評価軸を確立するところからスタートする企業も少なくない。その場合は，取締役会評価を，取締役会の在り方についてメンバー間で議論を進め合意形成するための手段として位置づけることも考えられる。また，それ以外の国内外における大きな違いとしては，日本の取締役会では社内取締役が大半を占めていること，監査役会設置会社では監査役も取締役会の意思決定に大きな影響を与えていることがある。そのような現状を踏まえ，社内取締役及び監査役の取締役会での議論における役割・貢献の度合いも，日本における評価において重要な検証の対象となる。

Q5　取締役会評価は誰が主導すべきか。

A5　取締役会評価においては取締役会自らが主体となって評価を行うが，実際に評価を実施するにあたっては，評価全体を主導する責任者が必要となる。取締役会議長が評価の主導者になるのが一般的である。ただし，多くの日本企業において議長とCEOの分離がなされていないため，取締役会という経営の監督機関の実効性を，経営のトップであるCEOが主導するという矛盾を含んだ形で評価が実施されることになる（ただし，非執行の会長が議長となり評価を主導する場合は，そのような矛盾はある程度回避することができると思われる）。筆頭社外取締役のように，当該企業と取締役会のことを熟知し，社外取締役メンバーにおいて主導的な立場にいる社外取締役がいる場合は，その社外取締役が議長を助け，評価のプロセスの最初から関与することが考えられる。

Q6　監査役はどのように取締役会評価と関わるべきか。

A6　取締役会評価においては，取締役会メンバー自らが取締役会全体の実効性を評価することが期待されている。そのため，取締役会の議論に参加し意思決定の過程で重要な役割を果たしている監査役も，他の取締役同様に評価のプロセスに加わることが期待されている。

Q7　取締役会評価と監査役会評価はどう違うのか。

A7　取締役会評価において監査役に関連する評価を行う場合は，監査役の取締役会における議論に焦点をあてて，監査役の役割と貢献の状況を検証する。一方で，監査役会の実効性評価においては，監査役・監査役会が果たすべき多様な責務全体について評価することが期待されている。監査役会評価を行っている日本企業が少しずつ増えているが，その多くが自己評価である。同評価の第三者評価を実施する場合は，監査役・監査役会の役割・責務の詳細について熟知している第三者機関に依頼することが望ましい。

Q8　取締役会評価においては取締役会の実効性を評価するとのことだが，そ
もそも，何を持って取締役会の実効性とするのかよくわからない。すべての
企業の取締役会に共通する取締役会の実効性に関する明確な基準を提示して
ほしい。

A8　取締役会の監督機能を強化することが取締役会の実効性を高めると考え
られているが，監督機能を，抽象的・一般的な概念ではなく，具体的にどの
ように定義するのかは，各企業の取締役会の状況や，経営・事業の状況に
よって異なる。取締役会自らが議論し，取締役会の実効性の定義を明確にし
ていくことが期待されている。通常はそのような議論が取締役会で行われる
機会はほとんどないが，評価の実施とその結果の検証が，取締役会でより本
質に関わる議論を行うきっかけになることがある。取締役会評価をそのよう
な重要な事項を議論するプロセスの1つとして使うことも考えられる。

Q9　取締役会評価の実施時期はいつが適切か。

A9　企業により評価の実施時期は異なる。決算年度，あるいは，株主総会に
よる取締役選任の時期をベースに評価の実施時期を決める場合が多いようで
ある。評価の開示の読み手である投資家は，評価の時期については企業にま
かせており，なぜそのような時期に設定したか投資家が質問した際に，企業
側の明確な答えが得られればよいと考えている。よって，各企業の状況に応
じて実施時期を設定してよい。定点観測の観点から，毎年ほぼ同じ時期に評
価を行う企業が多い。また，コーポレートガバナンスに関する報告書にコー
ド対応の一環として評価について記載するため，実務的な観点から同報告書
の提示の時期にあわせて評価の実施時期を決める企業が多い。

Q10　コーポレートガバナンスの機関設計の変更を行った，取締役会の構成
が大きく変化した，経営陣が変わった，事業環境が急速に変わったなどの大
きな変化があった場合は，取締役会評価の時期も変えたほうがよいのか。

A10　そのような変化があった直後は，取締役会・経営陣ともに変化への対応

に多くの時間をとられ，また，変化がもたらす結果が確定していない。一定の期間を置き，取締役会が現状を客観的に判断することができるようになった時点で，評価を実施するほうがより実効性が高い評価となるだろう。その結果，1年に一度評価を実施するというサイクルから大きくはずれる場合は，当該年度については，評価の対象を限定しより簡単な評価にするなどの対応が考えられる。

Q11　取締役会評価で課題を明確にし，それに取り組むというPDCAのサイクルは，1年で考えるべきか。

A11　コーポレートガバナンス・コードでは，評価の実施は1年に一度行うことが求められているが，PDCAサイクルについては，各企業の判断に任されている。評価の時期にあわせて同サイクルを1年と設定する企業が多いようであるが，よりきめ細かい対応が必要と考えて，四半期ごとのPDCAサイクルを設定している企業もある。

Q12　取締役会評価の結果は，取締役会においてどのように報告されるべきか。

A12　自己評価においては，取締役会議長やコーポレートガバナンスを管掌する担当役員などが，取締役会で評価の結果について報告することが多い。評価結果の報告書も同時に取締役会に提供される。ただし，取締役会議事録や添付資料に対して株主から閲覧などの請求がなされる可能性もあるため，法律の専門家からはそのような記録の取扱いは慎重に検討すべきである，報告書自体は単なる配布資料としたようがよいとの意見がある[1]。その観点から，評価の結果報告を，取締役会の前，あるいは，後に時間をとり，取締役会から独立した場で報告する企業もある。

1　倉橋雄作『取締役会実効性評価の実務』商事法務，2016年，57頁。

2）企業による評価の違い

Q13　企業規模・事業・経営ステージによって取締役会評価の内容は異なるのか。

A13　企業の状況によって取締役会の状況は異なる。大企業で複数の事業を抱えている場合は，ポートフォリオ全体を見ながらの適切な経営資源の配分に関する監督機能がより期待される。一方で，IPOして間もない新興企業であれば，取締役会の社外取締役は，経営に対する直接的なアドバイスを行い執行により深く関わる場合も少なくない。企業価値向上の観点から自社にとってどのような取締役会がふさわしいのか考えたうえで，そのもとで評価の内容を組み立てる必要がある。

Q14　ファミリー企業の評価において留意すべき点は何か。

A14　創業家メンバーが主要株主でありかつ経営を行っている上場企業においては，明確な企業理念にもとづく持続的な成長が高く評価されている会社も少なくない。そのようなファミリー企業の特徴に基づく評価を行うことが考えられる。投資家・株主から見た場合，ファミリー企業は，上記のような中長期的な視点での経営というポジティブな側面があると同時に，一般株主の権利が十分に尊重されているかどうかに対する懸念も存在する。これらの2つの観点に関わる重要な項目を評価の対象とすることが考えられる。

Q15　取締役会評価は上場企業のためのものだけなのか。非上場企業は実施する必要はないのか。

A15　日本でも英国でもコーポレートガバナンス・コードの対象は上場企業であり，非上場企業においては取締役会評価をすることは求められていない。また，米国でも，上場規則により取締役会評価の実施が求められているため，非上場企業が取締役会評価を行う義務はない。ただし，英国では，2018年12月に，大手非上場企業向けのコーポレートガバナンス原則が策定され，そこでは，「定期的な取締役会評価は，取締役個人が有効に貢献し，そして，取

締役会全体における強みと弱みを強調するうえで役立つ。取締役会議長はそのような評価の推奨事項に基づいて行動するべきである。」と記載されている[2]。取締役会評価は，上場・非上場に関わらず企業の取締役会の実効性を高めるために有効なプロセスであると考えられている。一方で，上場企業と非上場企業では取締役会に求められる役割や機能において相違点がある。そのため，非上場企業の評価を行う際には，評価の軸をどう設定するかを明確にしたうえで実施したほうがよいだろう。

Q16　上場子会社の取締役会評価において留意すべき点は何か。

A16　経済産業省が2019年6月に発表したガイダンスでは，「上場子会社においては，親会社と一般株主との間に利益相反リスクがあることを踏まえ，上場子会社としての独立した意思決定を担保するための実効的なガバナンス体制が構築されるべきである。」としている[3]。そのような観点から，社外取締役及び指名委員会の在り方が上場子会社においては特に重要となってくることから，これらの問題に焦点をあてた評価が考えられる。

Q17　当社は持株会社であるが，持株会社の取締役会に対する評価に加えて，主要子会社の取締役会の評価も実施したい。双方の評価はどう異なるか。

A17　上場している純粋持株会社の取締役会においては，グループ戦略の策定及びグループ経営の監督業務に特化し，重要な業務執行の権限は事業子会社が有することが多い。そのため，それぞれの取締役会に求められる役割も異なる。評価を行う際にはこのような差異を踏まえたうえで評価を行うことが望ましい。ある企業においては，上場している持株会社の取締役会はモニタ

2　Financial Reporting Council, *The Wates Corporate Governance Principles for Large Private Companies*, December 2018（https://www.frc.org.uk/getattachment/31dfb844-6d4b-4093-9bfe-19cee2c29cda/Wates-Corporate-Governance-Principles-for-LPC-Dec-2018.pdf）.

3　経済産業省『グループ・ガバナンス・システムに関する実務指針（グループガイドライン）』2019年6月28日，127頁（https://www.meti.go.jp/press/2019/06/20190628003/20190628003_01.pdf）。

リング・ボード，その事業子会社の取締役会（ただし複数の社外取締役が加わっている）はマネジメント・ボードであることを明確にしたうえで，異なる評価軸で評価を実施している。

3）評価対象者

Q18　委員会の評価も行うべきか。

A18　任意・法定の指名委員会や報酬委員会，監査委員会，監査等委員会は，取締役会の監督機能の発揮において非常に重要な役割を果たしているため，取締役会とあわせて，各委員会の評価を行うべきである。委員会の評価を実施する際には，取締役会全体の評価と同様に，委員会の具体的な役割・責務について明確な合意があることが望ましい。

Q19　取締役個人の評価も行うべきか。

A19　取締役会全体が機能するかどうかは，各メンバーの意識・貢献の度合いに大きく左右される。そのため，個人の評価も行うことが望ましい。個人の評価には自己評価と相互評価（同僚による互いの評価，Peer Review）がある。自己評価においては，各取締役自身が自らの状況について評価を行う。日本企業において，個人の評価を行う場合は自己評価の手法をとることがほとんどである。欧米の企業では，相互評価を行うところが増えつつあるが，評価の実施の際には議長による十分な配慮が必要である。

Q20　社外取締役も評価の対象になるのか。

A20　取締役会評価では，取締役会自らが取締役会の実効性を検証する。社外，社内問わず，取締役会を構成しているメンバーは自動的に評価の対象となる。

Q21　取締役会議長に対する評価も行うべきか。

A21　議長が適切にリーダーシップを発揮することが，取締役会の実効性向上に不可欠である。そのため，議長に対する評価は海外企業では一般的に行わ

れている。日本企業では議長に対する直接的な評価を行う企業はまだ少ないが、評価の過程で取締役会の議長に求める役割を明確にすることで、間接的に議長の評価を行うケースがあった。また、議長の評価を行う場合は、議長が評価を主導することはできないため、筆頭独立社外取締役など、議長以外の社外取締役が評価を主導する、あるいは関与することが望ましい。

Q22　取締役会事務局に対する評価は必要か。

A22　英国FRCが提供している取締役会の実効性に関するガイダンスでは、取締役会評価において、取締役会事務局（英国ではその責任者をカンパニー・セクレタリーと呼ぶ）の実効性を評価することが推奨されている。一方で、日本企業において取締役会事務局を評価することは稀である。ただし、評価プロセスの過程で事務局に対するコメントが寄せられることも多い。筆者が支援した企業の社外取締役の多くは、事務局スタッフの支援体制に対してポジティブな評価を述べていた。一方で、事務局のリソースのさらなる拡充が望ましいとの意見も多かった。取締役会事務局の評価を実施するのであれば、事務局の役割・責務の明確化、および、その責務を果たすための十分な体制の構築も同時に行うことが必要であると思われる。

Q23　経営会議に対する評価は必要か。

A23　取締役会評価においては、評価の対象は取締役会であるため、経営会議の評価は直接的には行わない。しかし、経営とその監督をする取締役会は表裏一体であり、取締役会におけるさまざまな問題を追求していった結果、経営会議における課題につながることも多い。取締役会評価の結果を受けて、実際に経営会議の改革を行った企業もある。

4）質問票の内容と分析

Q24　質問票の項目にはどのようなものがあるか。

A24　企業の状況により質問の内容は異なるが、主なものは以下のとおりであ

る。

・取締役会の役割・機能に対する考え方

・取締役会の規模と構成の状況

・取締役会の運営状況

・取締役会の議論の状況

・重要な委員会の役割・機能に対する考え方

・重要な委員会の規模・構成の状況

・重要な委員会の運営・議論の状況

・社外取締役に対する支援体制の状況

・（監査役会設置会社の場合）監査役会の役割・機能に対する考え方，規模・構成，議論の状況

・投資家・株主との対話の状況

・取締役個人の評価

Q25　質問票の量・質問数はどの程度が適切か。

A25　企業により異なる。取締役会評価を始めて間もないころは質問の数を限定し，評価の回数を重ねるにつれ質問数を増やすケース，逆に，最初の数回は網羅的に多くの項目について質問を行い，次第に重要な内容に絞って質問するというケースなどがある。なお，徹底した評価を行う場合は，質問項目の数は増える傾向にある。

Q26　質問票の回答時間はどれくらいが適切か。

A26　企業により異なる。自由回答の欄を設け意見の表明を促した場合，数多くのコメントが記載されることが多く，回答時間が長くなる傾向がある。なお，弊社が第三者機関として評価を支援する場合，議長・取締役会事務局の承認が得られた場合は，多岐にわたる分野について意見を求めるため，回答時間は1時間を超えることがある。

Q27　質問票は，選択肢のみ（選択肢を３〜５個提示し該当箇所に〇をつけるなど）の形式がよいのか，同時に意見も記載してもらったほうがよいのか。

A27　意見もあわせて記載してもらうことが望ましい。選択肢の回答結果だけでは，その背後にあるメンバーの考え方が理解できず，十分な検証ができないことが多い。筆者のこれまでの経験では，ほぼ全員がポジティブな回答を選択したにも関わらず，コメント欄ではネガティブな意見が多かったなど，選択肢の結果と意見の内容が異なることがしばしばあった。双方の情報があったほうが，現状を反映したより深い分析が可能となる。

Q28　質問票の回答選択肢は，３つがよいのか，５つがよいのか。回答時間の節約のために選択肢の数は少ないほうがよいのか。また，ニュートラルな選択肢（例　どちらとも言えない）は，皆がそれを選んでしまう可能性があるので，ないのほうがよいのではないか。

A28　最適な選択肢の数は企業により異なる。回答時間の観点からいえば，選択肢の数が多いからといって必ずしも回答により時間がかかるわけではない。選択肢の数が少ないため，かえって判断が難しく回答に時間がかかることもある。また，筆者のこれまでの経験では，選択肢にニュートラルな項目を入れた場合でも，回答者の多くはそれを選択することはなかった。

Q29　単純な定量的な評価は意味がないと考えるため，質問には意見のみを記載する（選択肢は設けない）という形式にしたいが，このような手法をどう考えるか。

A29　個人の意見を自由に記載してもらうことで，取締役会の実態がより明らかになる。その一方でコメントのみに基づく分析は難易度が高い。また，定性的な内容が重要としながらも同時に定量的な結果を求める社外役員がかなり存在する，定量的なデータがないと前年との比較が困難となる，などの問題も生じる。それらの問題点も勘案して総合的に判断したほうがよい。

Q30　社外取締役から，毎年多くの質問項目に回答するのは煩雑であるため，より簡単な質問票の作成を求められたが，どう対応したらよいか。

A30　毎年多くの質問に答えるのは負荷が多いため，そのようなリクエストが社外役員からくるケースが少なくない。ただし，あまりに簡略化した結果，取締役会の実効性を判断する基本的な項目を削除してしまうと，評価結果が取締役会の実態を正しく反映しない可能性が高まるため，その点について社外役員の理解を求めながら項目を決定していく必要がある。多くの企業では，過去の評価の手法に対する意見を聞きながら，質問票の内容・形式を変更しているが，回答者の要望に全面的に応えることにより，かえって評価の質にネガティブな影響を与えるケースもあるため，注意深い対応が必要である。

Q31　年同じ質問事項を使うべきか，それとも異なる質問事項にするべきか。

A31　毎年同じ質問事項を使うと，回答も機械的な内容となり評価が一種のルーティン作業となる恐れがあるため，毎回異なる質問を行うほうがよいとの意見がある。一方で，取締役会の実効性に関わる重要事項は毎年確認したほうがよい，定点観測で経年変化を見るためには同じ質問が多いほうがよいとの意見もある。実務上は，変更しない部分と，企業が置かれた状況によって毎年変更する部分の組み合わせで，質問票を作成することが多い。

Q32　質問票の回答結果を毎年定量的に分析・集計しているが（例　「非常に高く評価する」を5点，「どちらとも言えない」3点とするなどで，各項目の回答結果を点数化する），今年は多くの項目において昨年より点数が下がった。これについては，どのように判断すべきか。

A32　評価結果において，毎年右肩上がりで点数が上昇することを期待するのは誤りである。取締役会の状況，経営の状況，事業をとりまく環境はどんどん変化しているため，それに応じて，取締役会に対する自らの評価の結果も変化する。昨年と比較して，取締役会においてより時間をかけて議論を行いより深い検証ができた場合でも，事業のうえで大きな課題が生じているよう

184

な状況では，取締役会の自らに対する評価はより厳しくなるかもしれない。
よって，評価結果の分析において単純な点数の比較は避けるべきである。た
だし，前年に明らかにされた課題への取組みに関連する事項については，昨
年の回答結果との比較は意味がある。取組みが適切に行われている企業では，
より高い評価になっているケースが多い。

Q33　質問票の自由回答欄で寄せられる少数意見については，どのように扱
うのが適切なのか。また，自由回答欄の意見の内容に統一感がない場合に，
他社はどのように評価をまとめているのか。

A33　自由回答を依頼した場合，全員が一致した回答はむしろ稀であるし，ま
た，特定の回答者から他と異なった回答が寄せられるなどの少数意見の存在
は常に想定される。分析の手法としては，全体的な傾向を示したうえで，主
要コメントを紹介し，その中に必要に応じて少数意見も交えるという対応が
考えられる。また，重要な事項について意見の内容に統一感がない場合は，
その事実をそのまま評価の結果として提示し，取締役会での議論を促すこと
が考えられる。また，第三者評価の場合は，第三者機関が他社における評価
の経験と当該企業の状況に基づき，コメントの取り上げ方に優先度をつける
こともある。

Q34　質問票への回答は匿名で行うべきか。回収・集計の方法はどうすべきか。

A34　匿名での回答が望ましい。一部の社外役員から，取締役会の議論におい
てはそれぞれが自分自身の発言に責任を持つべきである，自分は匿名・記名
に関わらず常に自由に見解を述べているなどの理由で，匿名での回答を望ま
ないとする意見が出されることがある。しかし，取締役会での議論と評価の
回答ではその性格が異なる。また，社外役員とは異なり，社内役員において
は匿名であるほうがより自由に自身の考えを提示できることが多い。なお，
自己評価では取締役会事務局が質問票の回収・集計を行うことになるが，匿
名性の徹底が難しいのであれば，外部の機関（弁護士など）に回収・集計を

依頼することが考えられる。

A35　実務的には，取締役会事務局が議長と相談のうえ，前年の評価について寄せられた意見も参考にしながら，質問票を作成することが多い。取締役会評価において，議長と共に主導的な役割を果たす社外取締役（例　筆頭独立社外取締役，指名委員会委員長など）がいる場合は，当該社外取締役にも質問票の内容の決定に関与してもらうことが考えられる。ただし，「社外取締役が社内取締役を評価する」という観点から社外取締役が質問票の内容を決めるのは適切ではない。

5）インタビューの手法

A36　自己評価においては，議長が社外取締役である場合は議長が，議長が社内取締役である場合は筆頭独立社外取締役，あるいは，指名委員会委員長である社外取締役がインタビューを行うことが考えられる。質問票による書面の回答では明確にならない課題が，インタビューを通じて明らかになることが多いため，上記のような設定が可能な場合は，自己評価においてもインタビューの実施が望ましい。なお，インタビューの結果は匿名扱いとする。

A37　インタビューにおける匿名性を徹底する観点から，取締役会事務局は同席しないほうが望ましい。弊社が支援する第三者評価においては，インタビュー時にはインタビュー対象者以外の出席はお断りしている。一方，自己評価では，インタビューの内容をまとめ分析するという作業は，インタビューを実施する議長などではなく，取締役会事務局が行うことが多いため，

匿名性の観点では懸念があるものの，実務の観点から事務局スタッフが同席することが多いと思われる。

②　第三者評価

Q38　第三者評価のメリットは何か。

A38　独立した第三者機関が評価プロセスに入ることで，企業にとってはより客観的な評価が可能となる。また，他社のベスト・プラクティスについても学ぶことができる。加えて，投資家に対しても安心感をもたらすことができる。ただし，第三者評価の質は，評価のプロセスと第三者機関の能力によって大きく左右される。第三者機関が各取締役会メンバーと十分なコミュニケーションをとらず，一般的な内容について質問票による質問を行いその回答結果を簡単に集計・分析するなどの表面的・機械的な評価では，当該企業の取締役会が持つ本質的な課題が明確にならないことが多い。また，インタビューを実施する場合は，評価の質は，第三者機関のインタビュー担当者の能力に大きく依存する。

Q39　どのような企業が第三者評価を行っているのか。

A39　東証一部・二部上場企業と，JPX日経400銘柄企業またはTOPIX100企業を比較すると，後者のほうが第三者機関が関与している割合が大きいことから，時価総額などが一定以上の規模の企業において第三者評価を行う傾向がより高いと考えられる。なお，英国のFTSE350企業を対象とした調査では，取締役会評価（自己評価と第三者評価を両方含む）において，時価総額がより大きいFTSE100企業と時価総額がより小さいFTSE250企業を比較すると，FTSE100企業において，質問票だけではなくインタビューなども加えた徹底した評価を行う企業の割合がより高いとの結果が示されている[4]。また，筆

4　Financial Reporting Council, *Annual Review of Corporate Governance and Reporting 2017/2018*, October 2018, p.37（https://www.frc.org.uk/getattachment/f70e56b9-7daf-4248-a1ae-a46bad67c85e/Annual-Review-of-CG-R-241018.pdf）.

者の経験では，議長が取締役会の実効性を高めることに強い意志を持っている企業において，インタビューによる第三者評価に対する関心が高かった。

Q40　自己評価より第三者評価のほうがより望ましいのか。

A40　自己評価も第三者評価もどちらも重要であり，その両方を実施することが望ましい。第三者機関が関与せず，自らじっくりと分析する自省のプロセスで，強みと課題を明らかにし，社内での十分な議論のうえ対応を進める自己評価は，第三者評価同様，取締役会の実効性向上に貢献する。

Q41　第三者評価は取締役会の実効性を保証するものか。

A41　「第三者評価を実施すれば高い実効性を有する取締役会となることができる」「第三者評価の開示は，取締役会の実効性に関する保証と見なす」という考えは誤りである。ただし，適切に実施された第三者評価では，取締役会の実効性に関するより徹底的で客観的な検証を提供することができるため，取締役会が，現状を正しく把握し課題に取り組み，持続的にその実効性を向上することを，評価を通して後押しすることができる。

Q42第三者評価はどの程度の頻度で行えばよいのか。

A42　英国のコーポレートガバナンス・コードでは3年に一度の第三者評価が求められている。日本企業においても，それを念頭に数年に一度，第三者評価を行う，あるいは今後の実施を検討するところが増えている。

Q43　昨年，第三者評価を実施し，今年は自己評価を行う予定である。その場合，昨年評価を支援した第三者機関は一切関与しないのか。

A43　企業により異なる。第三者評価の翌年に実施された自己評価において，第三者機関が部分的に関与する場合がある（質問項目に関する助言，回答結果の集計，取締役会事務局による分析結果に対する助言など）。一方で，自己評価の際には全く第三者機関が関与せず，すべて自身で完結する企業もあ

る。

Q44　第三者機関を選択する際の留意点は何か。

A44　第三者評価では，インタビューを実施することでより深い検証を行うことが多いため，インタビューを実施しそのインタビュー結果に基づき分析する担当者の能力，知識，経験が，選択の際のポイントとなる。具体的には，当該企業の事業・経営や取締役会に対する深い理解，コーポレートガバナンス全般に対する十分な知見，取締役会評価に関する十分な実績，取締役会メンバーから十分な信頼を受け率直な意見を述べてもらうことを可能とするコミュニケーション能力，評価により得られた情報を当該企業の取締役会全体の文脈も踏まえながら検証する分析力，などがあげられる。

Q45　第三者機関の独立性はなぜ必要なのか。

A45　利益相反の問題を回避するために，第三者機関は当該企業の取締役会と，直接的な関係がないほうが望ましい。独立性がある第三者機関のほうが，より客観的で正しい評価を提供できると考えられている。海外では，第三者機関が，取締役会評価の結果をもとに，評価以外で同機関が提供しているサービスを受けるよう勧めることに対する懸念が指摘されている。また，投資家も第三者機関の独立性を重視している。

Q46　第三者機関の名前は開示すべきか。

A46　第三者機関の同意があれば，開示することが望ましい。英国では第三者機関の開示と，第三者機関と当該企業との関係（他にビジネスの関係があるかないか）の開示が求められている。投資家においても，第三者機関の名前を確認することで，評価の質をある程度推測することが可能となるため，名前の開示を歓迎している。一方で，日本企業においては，第三者機関の開示を行っているのはまだ数社程度であり，限定的である。これらの日本企業は，評価の質を対外的に示すための1つの方策として，第三者機関の名前を開示

している。名前を公表する場合は，会社側の評価結果の開示内容について，第三者機関が確認し合意するというプロセスを経る必要がある。

Q47　第三者機関は毎回変えるべきか。

A47　前回の第三者評価との継続性を重視する観点から同じ第三者機関に依頼する場合と，新しい視点を導入するために第三者機関を変更する場合の2通りの対応が見られる。第三者機関の分析・検証の内容が満足できるものであった場合，同じ機関に次回も依頼する企業が多い。ただし，長期にわたって同じ機関に依頼する場合は，同機関の独立性が失われるとの見方がある。

Q48　第三者評価では，必ずインタビューを行うのか。

A48　第三者評価のプロセスはさまざまである。会社の状況に応じて，質問票のみ，質問票とインタビューの両方，インタビューのみで評価を実施するなど，対応は異なる。また，第三者機関が，取締役会におけるディスカッションのファシリテーターとして加わることもある。なお，実質的で深い検証を伴う評価を行う場合は，インタビューは必ず必要である。

Q49　インタビューを実施するのであれば，質問票は必要ないのではないか。

A49　質問票も併用することが望ましい。取締役会の実効性に関わる事項は多岐にわたるため，インタビューだけではすべてをカバーできない。また，全員の質問票回答結果をもとに論点を絞ってインタビューを実施することで，他のメンバーにおける問題意識をディスカッションの中で共有したうえで詳細な議論を行うことができ，より深い分析が可能となる。

Q50　インタビューはどの程度の時間がかかるのか。

A50　十分な内容のインタビューを行うには，1時間から1時間半程度の時間が必要である。

Q51　インタビューには，取締役・監査役はどのような準備をして臨むべきか。

A51　筆者がインタビューする場合は，特に何の準備も求めていない。日頃から取締役会に対して抱いている意見を率直に表明していただけることを，各取締役・監査役に期待している。

Q52　他社の評価結果との比較は可能か。

A52　第三者機関が有している他社のデータを使用した定量的な比較は，物理的には可能であるが，その比較分析の結果は実態を正確に反映せず参考にならないことが多い。そのため単純な定量的な比較は意味がないと考えられる。一方で，当該企業と同様な文脈（経営・事業の状況とそれを取り巻く環境，取締役会の構成や運営の状況など）の企業との定性的な比較は可能であり，有意義である。

③　取締役会評価の結果とその対応

Q53　第三者機関からの評価結果の報告はどのように行えばよいのか。

A53　第三者機関はまず議長に対して報告を行い，評価の結果について議長と議論を行う。その後，取締役会においても第三者機関から報告を行うことが望ましい。

Q54　第三者機関からの評価結果の報告を受けた後，どのように対応したらよいか。

A54　最終的な評価を行うのは取締役会である。第三者機関から受けた報告について，取締役会で十分な議論を行いその内容について検証する。そのうえで，取締役会が評価の結果を決定とそれに基づく対応を決定する。

Q55　評価で明確になった課題に対する解決に向けた具体的な支援を，第三者機関は提供してくれるのか。

A55　第三者機関の報告書には，取締役会の課題とそれに関する対応内容に関

する推奨・提案が含まれている。ただし，その提案内容を具体的に実施する際には，独立性維持の観点から，第三者機関は直接関与しないことが多い。弊社が評価を支援した企業の例では，指名委員会や報酬委員会での課題が明らかになり，報告書において外部の知見を活用することの必要性を指摘した例があった。ただし，それ以降の実務のプロセスについては弊社は関与せず，委員会は，人材育成・エグゼクティブサーチ関連のコンサルタントや報酬コンサルタントなどに依頼してその後の対応を進めた。

④　取締役会評価の結果と企業パフォーマンス

Q56　取締役会評価の実施と企業の業績の間に相関関係はあるのか。

A56　評価に真摯に取り組んでいる企業においては，評価によって明らかにされた課題に取り組むことで取締役会の実効性が向上していることを実感するケースが多い。ただし，取締役会の実効性が直接的に企業業績の向上につながっているか否かを明確に示すのは難しい。これまでのコーポレートガバナンスに関する多くの議論に見るように，①企業業績に影響を与える要因は多くの要素から構成されること，②取締役会の状況は短期ではなく長期的に業績に影響を与えるものであり，限られた時間軸での判断は難しいことなどから，直接的な関連性を示すことが困難であると考えられている。

Q57　取締役会評価を適切に行うことで不祥事を防ぐことは可能か。

A57　取締役会評価で問題点を明確にし取締役会全体で取り組むことで，企業不祥事のリスクを低減することはできる。ただし，評価の実施は必要条件であるが十分条件ではない。企業に問題をもたらすその他の多くの課題についても同時に取り組むことが必要である。

⑤　取締役会評価の開示

Q58　取締役会評価の開示はどのような場所（どの媒体）でするのが適切か。

A58　コーポレートガバナンスに関する報告書において，コーポレートガバナ

ンス・コードの遵守状況の説明の一環として評価の結果についても開示することが求められている。それに加えて，アニュアルレポート，統合報告書などの任意の報告書に記載する，ホームページに記載する，リリースを別途出して評価内容を開示するなどの対応を取る企業も多い。

Q59　定量的な手法により取締役会評価を行ったが，その結果をどのように開示すべきか。

A59　質問票で複数の選択肢の中から回答してもらい，その結果を点数など定量的に示すことは多くの企業で行われているが，その内容をそのまま開示している企業の数は限定的である。その理由の1つとして，点数を示すことで，翌年の数字が本年よりも高いことを企業も投資家も望むような形式的な数値主義に陥る可能性があることがあげられる。評価の結果をそのまま記載するのではなく，その概要の開示であっても，説明の方法によって取締役会の状況を投資家に正しく伝えることは可能である。

Q60　徹底的な取締役会評価を実施したいが，一方で，評価の結果の詳細については，できれば開示したくない。どの程度の開示が求められているのか。

A60　評価の開示は重要な事項に絞って開示してもよい。そもそも，取締役会評価は，対外的な開示のためではなく，取締役会自身のために行うものである。評価の目的は，十分な検証を行い取締役会の強みと弱みを的確に把握すること，そして，優れた点はさらに高めるよう努め，弱みについては適切に対応することである。取締役会評価が持つ意味をよく理解している投資家は，評価の結果をすべて開示することを企業に求めない。そのような開示により，評価の中身が形骸化することを恐れているからである。ただし，評価のプロセスの開示については，機密性の点で特に問題がないことが多い。開示内容の充実を目指す企業においては，まずプロセスに関する詳細な開示を行うことから始めている。

<u>Q61　取締役会評価で明らかになった課題について，どのような内容が実際に開示されているのか。</u>

A61　JPX400日経企業のコーポレートガバナンス報告書（2019年7月時点）の記載を分析した結果，課題としてあがっているものの中で，上位5つは以下のとおりである。

1．取締役会の議論の内容
2．取締役会の運営
3．取締役会の構成
4．社外役員に対する情報提供
5．サクセッション・プラン

<u>Q62　投資家が評価する開示文章のひな型を教えてほしい。</u>

A62　定型的・一般的な内容の開示に対する投資家の評価は低い。それぞれの企業の状況に合わせた内容を考えるべきである。一方で，投資家がどの企業，どの評価においても確認したい共通事項がある。それは，①評価のプロセス，②評価により明らかになった取締役会の強みと課題，③課題に対する対応（昨年の課題に対する対応とその結果，今年の課題に対するこれからの取組みなど），④評価を通じて実効性を高めようとする取締役会の姿勢（評価の前，最中，評価の後を通しての取締役会における十分な議論などを含む）である。また，取締役会がどのように機能しているか，特に取締役会の議論の状況がどのようになっているか，ある程度推測できる情報を投資家は求めている。上記の①〜④の事項を踏まえながら，いくつかの具体的な事例（例　中期経営計画に関する議論，グローバル・ガバナンスに関する議論，ESGに関する議論など）を交えつつ説明することで，投資家の理解を深めることができる。

Q63　投資家は，取締役会評価の結果を投資判断にどの程度，反映させているのか。

A63　主要な機関投資家においては，企業の中長期的な株主価値とESGの関係，特にGの重要性が強く意識されているため，コーポレートガバナンスの要となる取締役会に関する情報は，投資判断において重要なポイントの1つとなる。しかし，そのような情報を得る機会は限られており，公表されている情報の中では取締役会評価は最も有益な情報源の1つである。ただし，画一的・形式的な開示内容の場合は重視されない。

⑥　投資家との対話全般

Q64　投資家から社外取締役との面談を申し込まれたが，受けたほうがよいのか。

A64　取締役会において社外取締役は重要な役割を果たしているため，社外取締役と直接対話することで，取締役会の実態を把握したいという投資家は多い。社外取締役が投資家との対話に前向きであるなら，そのような機会を設けることは望ましい。ただし，すべての投資家の要請に応じることは事実上不可能である。実務上は，自社にとって重要な投資家がだれかを，株式の保有の有無，保有株式数の多寡，運用におけるタイムスパン（長期か短期か），投資家の運用資産額など複数の要素を踏まえて明確にしたうえで，重要性の高い投資家から面談するのが，一般的な対応である。

Q65　投資家と対話する社外取締役をどう選ぶのか。

A65　議長が社外取締役の場合は議長が，そうでない場合は，筆頭社外取締役が対話を行う。それ以外では，投資家との対話の経験がある社外取締役（例IRの場で多くの投資家と対話した元CEO，元CFOなど）が投資家と会う場合が多い。社外取締役において対話の経験がなく投資家に対する理解が不足している場合は，事前の十分な準備を行うことが望ましい。

Q66　投資家と社外取締役のミーティングでは，主にどのようなことが話題となるのか。

A66　現在の業績や将来の見通しに関する説明，戦略を実行する際の具体的な施策の内容などについては，経営陣には詳しい説明を求めるが，社外取締役にはそのような経営の詳細な項目について質問をしないのが一般的である。社外取締役に対しては，経営全体を俯瞰した内容（中長期の方向性），取締役会の議論を通してどのように経営を監督しているかなどの，より大きな視点，監督の視点での見解を求めることが多い。米国のS&P500企業を対象とした2017年の調査では，取締役会（ほとんどが社外取締役）と機関投資家である株主との対話の話題として取り上げられた内容は以下のとおりである[5]。

	対話の項目	回答企業の割合
1	ESG/サステナビリティ	18%
2	取締役会メンバーの交替 (筆者注：米国では社外取締役の任期が長くメンバーが固定化することが問題視されている)	13%
3	取締役の任期	9％
4	CEOの報酬	8％
5	株主との対話のアプローチ	8％
6	プロクシー・アクセス (筆者注：プロクシー・アクセスは会社側の招集通知書における株主提案の記載を意味する。日本企業には該当しない課題である。)	7％
7	政治関連の寄付	7％
8	独立社外取締役による議長の就任	6％
9	報酬（Say on Pay） (筆者注：Say on Payは経営者報酬に対して株主が意見表明できるよう，報酬に関する議案を株主総会に提示し株主の投票の対象とする制度である。)	6％
10	企業戦略	5％

5 Spencer Stuart, *2017 Spencer Stuart U.S. Board Index*, 2017, p.33 (https://www.spencerstuart.com/~/media/ssbi2017/ssbi_2017_final.pdf).

なお，投資家が社外取締役とのミーティングを望むのは，企業についての上記の情報を得るためだけではなく，投資家の視点を取締役会の議論に反映してもらいたいと考えているからである。対話を行う際には，社外取締役が一方的に情報を提供するのではなく，重要事項についての投資家の考え方について社外取締役から質問をなげかけるなど，双方向のコミュニケーションを行うことが望ましい。

Q67　投資家に対するメッセージにおいて，財務情報だけではなく，非財務情報やESGに関する情報が求められていると聞くが，これまでのIRでのメッセージとどのように異なるのか。

A67　経営陣が従来から行っているIRにおける対話においても，財務情報に加えて多くの非財務情報を投資家に伝えてきた。ビジネスモデル，長期ビジョン，中長期の経営戦略，競争優位性，技術力，ブランド価値などが，その例である。一方で，同じく非財務情報に含まれるESGに関する情報発信は限定的であった。昨今，投資家の間で，ESGが企業の中長期的な株主価値に大きな影響を及ぼすとの認識が高まっているにも関わらず，企業からの発信がまだ限られているため，非財務情報の中でもESGに関する情報の提供が特に強調されるようになっている。

Q68　ESG（環境・社会・ガバナンス）の３つの要素の中で投資家が特に関心を持つ要素は何か。

A68　多くの投資家は，企業のESG要素を見る際にGファースト（Gを一番重視する）という枠組みで分析を行う。Gの中でも特に，取締役会が適切に機能しているかどうかが，最も関心の高い事項である。

Q69　当社は監査役会設置会社であるが，海外投資家の間で監査役の役割に対する理解が進んでいないと聞く。どのような点に留意して海外投資家と対話を行うとよいのか。

A69　国内外を問わず機関投資家の多くは，企業のコーポレートガバナンスの状況，取締役会の状況を分析・評価する際には，機関設計からスタートして判断するのではなく，投資家が重視するポイントを満たしているかどうかに基づいて判断する。具体的には，社外取締役の独立性，取締役会に占める社外取締役の人数・割合，社外取締役の構成（スキル・経験・能力などの観点，多様性の観点など），社外取締役による議長の就任，指名委員会・報酬委員会（法定・任意）に占める社外取締役の人数・割合，社外取締役による同委員会委員長の就任，などである。

　　これらは外形的な基準とも言えるが，取締役会の実質に大きな影響を与えるものと考えられている。これらのポイントに関する自社の現状について，その選択をした自社の考えと共に説明し，その枠組みの中で監査役の重要性について言及することで，投資家のロジックに沿いながら，自社の優位性について説明することが可能となる。

Q70　企業においてコーポレートガバナンスに関するメッセージは誰が発信すべきか。

A70　IRでは経営や事業に状況に関するメッセージが中心となり，CEOをはじめとした経営陣とそれを補佐するIR担当者により発信される。一方で，コーポレートガバナンスに関する対話の責任者は取締役会である。現時点では，議長とCEOが分離していないケースが多いため，CEOが両方に関するコミュニケーションを行っている。今後，日本の取締役会の状況が変化するにつれ，情報の出し方も変化していくものと思われる。

Q71　投資家は役員報酬についてどの程度関心を持っているのか。

A71　投資家は，適切な報酬体系により，経営陣が中長期的な業績向上のための十分なインセンティブを与えられていることを期待している。ただし，海外と国内の投資家においては，関心の度合いに違いがある。海外では，長年

の間，経営陣に対する適切な報酬の額とその設定方法をめぐって議論が行われてきており，それを反映して，日本企業の役員報酬に対しても関心が高い。ただし，日本企業においては，報酬の絶対額は高くないため，中長期の業績にどの程度連動しているかなどの報酬の構成，および，欧米での一般的なプラクティスとなっている個別報酬の開示に，関心が集まっている。一方で，日本の投資家においては，一部の外資系投資家を除いて，報酬に対する関心は現時点ではまだそれほど高くないもようである。多くの日本企業において，日系投資家との報酬に関する対話は，株主総会の報酬関連議案に関する議論にとどまっているケースが多い。

Q72　投資家と，ES（環境・社会）に関する議論をする機会が少しずつ増えている。投資家にESについて説明する際にはどのような点に留意すべきか。

A72　ESの対話においては，機会とリスクの両面で説明することが望ましい。日本企業の多くは，リスク軽減の観点でESについて説明することが多いが，投資家は同時に，ESの要素と企業の利益成長がどのように結びつくかという，企業に与えられた成長機会に注視している。その際には，将来から現在を見るというバックキャスティングの手法が有効である。まずESの分野における中長期的な社会や市場の変化に関する予想を提示し，そのような将来において自社がどのような企業になりたいかを説明し，それを達成するために自社がどのような中長期の成長戦略をとるかを示す。そして現在取るべき具体的な施策について説明する手法が考えられる。

Q73　統合報告書を作成する企業が増えているが，投資家対応のために，統合報告書は必ず作成する必要があるか。

A73　必ずしも統合報告書を作成する必要はない。投資家が求めているのは，財務情報に加えて，ESGを含む非財務情報の中で投資家にとって特に重要な項目を一度に見ることができる報告書であり，その報告書の名前が統合報告書であれアニュアルレポートであれ差異はない。アニュアルレポートのESG

の記載をより充実させることでも十分対応可能である。

Q74　通常のIRミーティングではなくESGを主要テーマとした投資家との
ミーティングを持ちたいが，そのようなESGミーティングに対して，国内，
および，海外の投資家においてどの程度の需要があるのか。

A74　IRミーティング同様，企業の規模や事業内容によって投資家の関心の度
　　合いは異なる。通常のIR活動において投資家からある程度の関心を持たれ
　　ている企業であれば，ESGミーティングに対しても，国内外投資家において
　　一定のニーズがある（ただし，現時点ではIRミーティングに対する関心よ
　　り低い）。投資家側のミーティング対応者は，ESG統括グループ，責任投資
　　調査部門，議決権行使部門などの責任者であるが，運用責任者が同席するこ
　　ともある。

Q75　プロクシー・ファイト，敵対的TOBなどの有事においては，社内及び
社外においてどのような体制で臨むのか。また，社外取締役はどのように関
わるべきか。

A75　有事の実務においては，CEOと株主・投資家対応を管掌する役員など執
　　行側が中心となって有事対応チームを組成する。ただし，社外役員も含めた
　　取締役会メンバーに対しては状況を常に伝える。社外においては，CEOに
　　協力して全体の方向性を定めるFA（ファイナンシャル・アドバイザー，証
　　券会社の投資銀行部門など），リーガル・アドバイザー（弁護士），機関投資
　　家株主・個人株主対応や議決権行使に関するアドバイザー，PRアドバイザー
　　などから構成される有事対応チームを組む。社外取締役は，取締役会の実効
　　性に関するメッセージを発信するにあたって，特に機関投資家対応において
　　重要な役割を果たす。実際に，機関投資家に対する説明会で現状を説明する，
　　機関投資家との個別面談を行う，議決権行使助言会社を訪問するなどの事例
　　が多くある。また，取締役会においては，株主の視点から議論・質疑を提示
　　し，投資家からの厳しい検証に耐えうる会社としての考えを提示することに

貢献することが求められている。

Q76　有事における投資家へのメッセージにおいて重要なポイントは何か。

A76　有事においては，会社側提案と株主提案というように，二社択一を迫られる場合が多いため，相手方と比較して自社のほうがより中長期的な株主価値を上げることができる可能性が高いことを示す必要がある。その際には，経営における中長期の計画や目標（定性的・定量的双方を含む）を示し，経営の優位性を示すことになる。ただし，計画はあくまで計画であるため，その実現可能性を担保するために，経営を監督する取締役会の在り方も同時に伝える必要がある。株主の立場から経営を監督できる取締役会の仕組みとして投資家にとって一番わかりやすい情報は，取締役会の構成に関するものである。取締役会の構成を明確に示す手法として，取締役会のスキル・マトリックスがあげられる。

⑦　国内投資家から受けた質問

Q77　取締役会評価の開示から，どの程度取締役会の実体が把握できるのか。

A77　企業は評価の結果をすべて開示することはできない。筆者は，米国の機関投資家の団体CIIが，かつて取締役会評価のベスト・ディスクロージャー企業の1つとして選んだある海外企業の取締役会事務局責任者と，評価の開示について議論したことがある。同責任者は，同社の評価で開示されている内容は評価結果全体のごく一部であると述べていた。それにも関わらず投資家が同社の開示を高く評価していたのは，徹底した評価プロセスをとっており，それにより取締役会が実効性を向上しようとしている姿勢が把握できたからである。また，別のベスト・ディスクロージャー企業においては，評価の開示において，当該企業固有の課題とそれに対する取組みを明確に示していた。定型的な開示文章からは取締役会の実態はわからないが，企業の実情にもとづき自らの言葉で説明している場合には，取締役会が適切に機能しているかどうかについてある程度の推測をすることが可能である。ただし，評

価の開示は出発点であり，さらに理解を深めるには企業との直接の対話が必要となる。

Q78　機関投資家は，単なる形式基準ではなく，実質的な観点から，企業の取締役会をどこまで評価できるのか。

A78　外から明確にわかる外形的な要素・基準を満たしているかどうかは実質面に影響を与えるため，取締役会の実効性を測るうえで一定の形式基準によるチェックは必要と考える。たとえば，社外取締役の数が一定数以上を占めている，指名・報酬などの任意の委員会があるなど，コーポレートガバナンス・コードで強調されているような要件は，取締役会の監督機能を上げるために重要な要素である。ただし，これらは必要条件であって十分条件ではない。取締役会の実態を把握するには，企業との対話の中で，取締役会でどのような議論が行われているかを確認する必要がある。企業はすべてを開示するわけではないが，企業が答えやすい質問をする（例　中期経営計画などの特定の事項に関する議論の頻度，その中で特に時間を費やした項目，それに対する社外役員の発言，取締役会以外の場での同事項に関する議論の有無，取締役会の構成の変化が与えた議論への影響，など）ことで，議論の状況についてある程度把握することが可能である。

Q79　投資家は取締役会評価の開示内容をどのように議決権行使に反映させるべきか。

A79　評価と関係する株主総会の議案は，取締役の選任議案である。評価の結果を取締役選任議案に対する意思決定に反映するかどうかは，投資家の考え方次第である。ある投資家は，評価の開示内容には取締役個人の評価は含まれていないため，参考にしないとしている。各取締役における独立性の有無，コンプライアンス問題の有無など，個人の特定の事項のみに絞って判断するのであれば，確かに評価の結果を参考にする必要はない。一方で，取締役会全体の構成が取締役会の実効性に大きく影響を与えると考え，当該企業に

とって望ましい構成と個々の取締役の経験・資質の整合性を確認したうえで判断したいのであれば（整合性がない場合に必ずしも選任議案に反対票を投じるわけではないが），現在の取締役会の構成に対する評価やそれを踏まえた取締役会の議論の状況について言及している評価の開示内容は，議決権行使において重要な情報となるだろう。

⑧　取締役会の状況

1）取締役会の役割・機能

Q80　取締役会の役割・機能について取締役会メンバーにおいて明確なコンセンサスがない場合には，どのような評価をすべきか。

A80　取締役会におけるコンセンサスを作ることを目的として評価を実施することが考えられる。具体的な手法としては，もし質問票による評価を行うのであれば，取締役会の役割はどうあるべきか，各取締役の責務はどうあるべきか，など基本的ではあるが本質的な事項に関する質問を行う。そして，その回答結果にもとづき，メンバー間でどのような考えが共有されているか，あるいはされていないのかを明らかにする。たとえば，議長が，より「モニタリング・ボード」的な取締役会を目指しているのであれば，質問票には，取締役会の監督機能はどのように定義されるか，監督機能の観点から社内及び社外取締役に求められる責務は何か，というように，回答者の意識において一定の方向付けをする質問をすることが考えられる。

2）取締役会の議論の状況

Q81　取締役会評価の結果，経営理念，長期ビジョン，コーポレートガバナンスの制度設計，取締役会及び社内のダイバーシティの促進などの中長期の議論が不足していることが明らかとなった。しかし，これらの議論は通常の取締役会では議論しづらいものである。他社はどのように対応しているのか。

A81　取締役会では限られた時間の中でさまざまな意思決定を行わなければならないため，中長期的な議論を行う時間を確保することが難しいことが多い。

このような状況に対する対応としては，取締役会の議題に関するおおまかな年間スケジュールを作成する際に，あらかじめ中長期的な課題を議論する時期を定めておく，取締役会以外の場（役員合宿，戦略デー，R&D・テクノロジー会議など企業によりその名称や内容は異なる）で議論するなどの対応を行っている。

Q82　社外取締役・社外監査役の方々は，取締役会では必ず何か発言しなくてはならないという気持ちが強い。しかし，全員発言された結果，取締役会の時間が非常に長くなっている，多様な意見が出るのはよいが議論が拡散し適切な意思決定を行う障害となっている，などの問題が生じている。このような場合，どのように対応したらよいのか。

A82　評価を通じた手法としては，社内役員に対して社外取締役や社外監査役の発言に対する見解をたずねる，社外取締役や社外監査役に対しては自身がどのようなスタンスで発言しているかを述べてもらう，そして，それらの結果をあわせて提示するという方法がある。これにより，双方の考えが一致しているか，何か差異があるかを明確にし，議論の改善につなげることができる。

Q83　社内取締役の発言を促進するためには，どのような対応が必要か。

A83　社内取締役においては，自身の取締役としての責務を自覚しているものの，社外取締役の質問に答える以外に自ら積極的に発言するのは現実的に困難であると考えるケースが多い。このような状況において，各企業がそれぞれ工夫をしているが，決定的な解決策を見つけるのは難しい。比較的対応しやすい方法としては，案件の内容や，案件の検証の際に求められる機能に応じて，議長あるいは社外取締役がそれに該当する社内取締役に意見を求めるなどがある。また，議論を促進できるかどうかは物理的な要因も重要であるとの考えのもと，取締役会が開催される場をより小さな会議室に変更し，社内・社外の役員の物理的な距離を小さくして，より親密な雰囲気で議論でき

るようにした企業もある。また，社内取締役の構成を見直し，全体最適の観
点から意見を述べることができるよう機能重視の構成に変更するという企業
もあった。

Q84 指名委員会・報酬委員会において，取締役会との情報共有はどうあるべきか。

A84 監査役会設置会社や監査等委員会設置会社においては，指名と報酬についての具体的な議論は任意の指名委員会，報酬委員会で行われることが多いが，その結果のみを取締役会に提示し，取締役会はそれに対して承認を与えるだけでは，取締役会はその責務を十分に果たすことはできない。委員会の議論の過程についても，必要に応じて報告する，指名や報酬に関する基本的な考え方について取締役会に提示し，承認を得るなどのプロセスが必要である。また，指名委員会等設置会社においては，指名委員会・報酬委員会がそれぞれ指名と報酬に関する主要な決定権を有するが，取締役会全体ではなく一部の社外取締役から構成される委員会で重要な事項が決定されることに対して，社内取締役をはじめとする社内の主要メンバーにおいて，委員会，および社外取締役に対する不信感が生じる可能性が指摘されている。法定であれ任意であれ，委員会と取締役会とのコミュニケーション，情報共有は重要であると考えられる。

3）サクセッション・プランに関する議論

Q85 CEOの選解任基準も含めたサクセッション・プランを現在策定中である。選解任基準については公表すべきか。

A85 基本的な考え方については対外的に示すことは可能であるが，選解任基準の詳細，特に，解任基準の詳細について開示を行っている企業は，海外企業を見てもほとんどない。CEOの選任・解任については，まず指名委員会でさまざまな観点から十分に検証・議論することが必要となるが，そのような議論において形式的な基準をそのまま適用することはできない。基準の詳

細を開示することにより，選任・解任に関する実質的で深い議論を行うことが阻害される懸念があるため，開示するのであれば基本的な方針にとどめておいたほうがよいだろう。

Q86　社外取締役のサクセッション・プランはどうあるべきか。

A86　社外取締役の人数が増えるにつれ取締役会における社外取締役の重要性が高まっており，それに伴い社外取締役のサクセッション・プランの構築は重要な問題となっている。ただし，明確なサクセッション・プランを持っている企業は限定的である。同プランに関する具体的な議論の方法としては，社外取締役が過半を占める指名委員会において，当該企業にとって望ましい取締役会全体の構成と社外取締役の構成を議論する，そのもとで現在の構成を検証し，現状が適切な場合はそれを今後とも維持できるようなプラン，現状が適切ではない場合はそのギャップを埋めるプランを構築する。そして，それにもとづき，今後どのような社外取締役を選任するかについて議論する，というプロセスが考えられる。そのような議論の過程で，取締役会評価の結果を活用している企業もある。

Q87　社外取締役の就任期間についてどのように考えるべきか。

A87　経済産業省の調査（東証一部・二部上場企業計2,569社に対して2017年12月26日〜2018年1月25日に実施，回答企業941社）によれば，在任期間の上限や定年を定めている企業は一部にとどまっており，特に決まっていないとする企業が約7割となっている。また，定めている会社については，平均的には在任期間の上限は6年程度となっている[6]。社外取締役が当該企業についての十分な理解のもとに議論を行いその監督機能を発揮するには，一定以上の年数が必要である。一方で，あまりに長く在職している場合は，独立性が

6　経済産業省『CGSガイドラインのフォローアップについて（CGS研究会（第2期）第3回　事務局資料）』2018年2月22日24頁（https://www.meti.go.jp/committee/kenkyukai/sansei/cgs_kenkyukai/pdf/2_003_03_00.pdf）。

失われ監督機能が損なわれる可能性がある。社外取締役の就任期間については，いろいろな要素を考慮しつつ，監督機能の実効性の観点から指名委員会などで議論すべきである。

　ところで，社外取締役が大半を占める英米では社外取締役の就任期間は長い。英国のコードでは，9年を超える社外取締役は独立性がないとみなされている。一方，米国では，コーポレートガバナンスに関する要請項目は，コードではなく証券取引所の上場規則で記載されているが，社外取締役の就任期間に関する証券取引所の規定はない。スペンサー・スチュワート社の調査によれば，S&P500企業においてわずか5％の企業が社外取締役の就任期間に上限を設けており，その範囲は9〜20年，多くは15年ということである[7]。そのため，米国においては，同じ社外取締役が長期にわたって在任することで，当該取締役の独立性が損なわれる可能性が高いこと，また取締役会全体では活性化・変化が進まないことが，機関投資家の間で大きく問題視されている。

Q88　社外取締役の兼任は何社までが適当か。

A88　社外取締役に対して，当該企業の取締役会に対する十分なコミットメントを期待する観点から，企業においても投資家においても，社外取締役の過度な兼任（1人が多数の企業の社外取締役を兼任する状況）は望ましくないと考えられている。ISSでは，日本企業に対しては社外取締役の兼任数については明確な上限は設けていないが，社外取締役がほとんどを占める米国企業においては，6社以上を兼任する取締役の選任議案に反対推奨を行っている。また，英国のコーポレートガバナンス・コードにおいては，社外取締役はその責務を果たすために十分な時間を確保すること，他社の取締役を引き受ける場合には自社が社外取締役となっている取締役会の承認を事前に得る

---

[7]　Spencer Stuart, *2018 United States Spencer Stuart Board Index*, p.5（https://www.spencerstuart.com/-/media/2019/july/ssbi_2018_new.pdf）.

ことを求めている。なお，議長の兼任（2社以上の企業の取締役会議長に同時に就任すること）については，その責任の重さから投資家はより厳しく見ている。日本においては，投資家により差異があるが，5社以上兼任する社外取締役候補者に反対票を投じている外資系投資家がいる。また，複数の日系投資家においては，兼任数が多く，かつ，前年の出席率が十分でない候補者に反対票を投じている。社外取締役候補を選定するにあたっては，兼任状況及び出席状況に対して十分な注意が必要である。

Q89　当社の独立性基準に照らして社外取締役候補を選任したが，議決権行使助言会社から形式的な基準にもとづき反対推奨を受けた。当社は海外株主の割合が高いため反対票がかなり増える可能性がある。どのように対応したらよいか。

A89　投資家，および，議決権行使助言会社は，東証や企業自身の独立基準よりさらに厳しい独立性基準を有していることが多い。議決権行使助言会社から，実質的な独立性とは関係のない形式的な基準に基づいて反対推奨を受けた場合は（例　現在取引関係がある金融機関に数十年前に短期間のみ在籍しその後他社に移った社外取締役について独立性がないとみなす，など），反対推奨を変更させることは難しいが，投資家を個々に説得して賛同してもらうことが可能である。実際に，そのような状況に直面した企業が，自社の意見を説明するプレスリリースに加えて，各投資家に直接コンタクトし，直接の面談や電話会議を実施し，多くの投資家から賛成票を確保し，その結果議案が承認された事例がある。

Q90　監査役のサクセッション・プランについて他社ではどのような議論がなされているか。

A90　監査役は取締役会の監督機能の強化に大きく貢献しているが，そのサクセッション・プランについて明確な議論がなされている企業はかなり限定的であると思われる。実際に議論を行っている企業の例としては，監査役の中

でも特に社内監査役の重要性を強く認識し，監査役にふさわしい人材を中長期で育成することが重要との考えのもと，監査役の育成プランについて議論を始めたケースがあった。また，早い段階でCEO及び監査役会が議論を行う，指名委員会も必要に応じて議論に参加するというプロセスを経て，監査役候補を選任する企業もある。

4）取締役会の運営

Q91　海外投資家から社外取締役が議長を務めるべきとの意見が増えているが，議長とCEOの分離についてどのように考えたらよいか。

A91　投資家など対外的な視点を考え，社外取締役が議長を務めることの有無について，議論を始める企業が少しずつ増えている。しかし，取締役会における議長の重要性が高いほど，社外取締役が議長になることのハードルが高いと考える企業は多い。取締役会が，単に経営会議で決定されたことを承認するという場であれば，議長に求められる役割は議事の進行を中心としたものとなる。しかし，取締役会で実質的かつ徹底的な議論を行う場合は議長は大きな責任を負う。

　そのような責務を負うことができる社外取締役が現在自社にいるのか，社外取締役候補選任時から議長候補者としての社外取締役候補をどのように選んでいくのか，社外取締役就任後どの程度の期間を経て議長に就任してもらうのがよいのか，などさまざまな議論が必要となる。取締役会評価を活用する場合は，評価を通じてあるべき議長の責務について取締役会メンバー全員の考え方を確認し，それをもとに指名委員会で具体的な議論をすることが考えられる。投資家においては，議長が社外取締役でないことを理由に日本企業の取締役選任議案に反対する事例はまだほとんど見られない。ただし，指名委員会等設置会社においては，議長が社外取締役でない場合反対票を投じている海外投資家が複数いる。

5）社外取締役に対する情報提供

Q92　事前説明はどのような形式で行われているか。

A92　企業により対応は異なる。社外取締役の日程を考慮に入れながら特定の日を決め，社外取締役に集まってもらってそこで説明するケース（1回，ないしは複数回実施），取締役会事務局が個々の社外取締役を訪問し個別に説明するケース，社外取締役連絡会の場を活用し連絡会の中の特定の日や時間を事前説明にあてるケース，取締役会と同じメンバー（社内外取締役，社内外監査役を含む）が一同に集まり取締役会に上程される議題について議論する会合を設ける，などがある。事前説明の担当者も企業により異なる。取締役会事務局，担当役員（取締役・執行役員），経営企画メンバーなど，議題に応じて対応している。社外取締役からは，通常取締役会であまり接点がない部課長クラスの担当者からの説明は，事業の状況，社内人材の状況を知るうえでも有効であるとの意見がある。

Q93　社外取締役に対する情報提供として，事前説明以外にどのような機会を他社は提供しているか。

A93　社外取締役のニーズ，執行側の姿勢により，企業の対応はさまざまである。ある企業では，社外取締役が社内の委員会（リスク委員会，ダイバーシティ委員会など）を傍聴し，状況によって発言するケースがあった。別の企業では，社外取締役が監査役の往査に同行し，監査役と共に担当者に直接インタビューを行うこともあった。また，社外取締役のバックグラウンドにより，特定の会合に参加することがある。たとえば，ある著名な研究者である社外取締役は，R&Dセンターのスタッフとの交流・ディスカッションを定期的に行っていた。人材に関するコンサルティングの経験を有するある社外取締役は，社内の人材育成に関する会合に参加・発言していた。社外取締役としての独立性の維持，監督機能を発揮するために必要な社内の状況の把握，企業価値向上への貢献などのいろいろな要素を考慮し，社外取締役と企業側が相談のうえ，関与・参加の度合いを決めることが多い。

6）社外取締役同士，社外取締役・社外監査役間，社外取締役・監査役間における情報共有

<u>Q94　社外取締役同士，社外取締役・社外監査役間の会合は，何故必要なのか。</u>

A94　CEOなど社内取締役を交えず社外役員だけで率直に意見を交換し，取締役会の現状を検証することで，社外取締役はその機能をより発揮できると考えられている。そのような考えのもと，日本のコーポレートガバナンス・コードでは，「独立社外取締役は，取締役会における議論に積極的に貢献するとの観点から，例えば，独立社外者のみを構成員とする会合を定期的に開催するなど，独立した客観的な立場に基づく情報交換・認識共有を図るべきである。」と記載されている。

　これは，欧米企業で一般的なプラクティスとなっているエグゼクティブ・セッション（Executive Session）を念頭においた要請である。エグゼクティブ・セッションといっても，社内取締役や経営陣（Executive Director, Executive Management）による会合ではなく，独立社外取締役（Independent Non-executive Director）のみによる会合を指す。米国のように，多くの企業においてCEO以外全員が社外取締役であり，また指名委員会，報酬委員会，監査委員会のメンバーが全員社外取締役である状況であっても，ニューヨーク証券取引所は，その上場規則で「社外取締役が経営陣に対してより実効性があるチェックを行うために，社外取締役は，経営陣が参加しない社外取締役だけの会合を定期的に開催しなくてはならない。」と定めている。

　社外取締役の割合がまだ限定的な日本においては，社内メンバーとは別の場で社外取締役が自由に議論する場を設けることがさらに重要である。コーポレートガバナンス・コードの要請に基づきこのような会合を導入しようとした企業において，社外取締役が「自分はいつも取締役会で忌憚ない意見を述べているので，そのような社外のみの会合は必要ない」と反対意見を述べ

る例がいくつかあった。しかし，取締役会での議論とは別の性格のものと考え，社外同士で意見を交換する場所を設けることが望ましい。そのような会合では，取締役会と比較して，より自由でオープンなスタイルで議論が行われており，議題の内容も状況に応じてさまざまである。

Q95　社外取締役同士，社外取締役・社外監査役間の会合は，各社どのように行っているのか。

A95　監査役会設置会社では，社外取締役のみならず，社外取締役・社外監査役による社外役員同士の会合を行っているところがある。同じ社外役員であっても，取締役と監査役は異なる視点を持っているため，双方が参加し議論することは有益であると考えられる。日程については，社外役員のスケジュール調整の関係上，取締役会と同じ日に開催されることが多いようである。開催頻度は企業によって異なり，毎月開催する企業，1年に数回と定めて開催するなどがある。議事録については，詳細な議事録を作成するケース，フリーディスカッションという趣旨から簡単なメモ程度にするケースなどあるが，議事録はあくまで社外役員メンバーのみが共有する。ただし，議論の概要については，会合を主導する立場の社外取締役（筆頭独立社外取締役など）から，必要に応じてCEOに伝えることが望ましい。

Q96　他社では社外取締役と監査役の情報共有はどのように行っているか。

Q96　コーポレートガバナンス・コードでは，「監査役または監査役会は，社外取締役が，その独立性に影響を受けることなく情報収集力の強化を図ることができるよう，社外取締役との連携を確保すべきである。」とされていることから，社外取締役と監査役（社内外監査役を含む）の会合を開催する企業もある。十分な社内情報を有している監査役と，社内情報へのアクセスが限定されている社外取締役の間では，情報の非対称性がある。このような会合で監査役と意見を交換することで，社外取締役が社内の状況を適切に把握し，監査役が重要視している事項について社外取締役も共通の認識を持つこ

とが可能となるため，社外取締役と監査役双方において，情報共有の重要性が認識されることが多い。ただし，一部の監査役においては，監査役の独立性を重視する観点から，社外取締役との定期的な情報交換に対しては消極的な姿勢も見られる。

7）取締役会事務局

Q97　取締役会事務局の社内の位置づけについてどう考えるべきか

A97　現在，ほとんどの日本企業では取締役会事務局，あるいはそれを管掌する部署はCEOなどの執行側の指示命令系統に入っている。一方で，取締役会の過半が社外取締役であり，議長も社外取締役である英国においては，コーポレートガバナンス・コードで，「カンパニー・セクレタリーの指名と解任は全取締役会の問題であるべきである」としている。また，取締役会の実効性に関するFRCのガイダンスでは，「カンパニー・セクレタリーは，取締役会のガバナンスに関するすべての事項について議長にレポート（指示を仰ぐこと）しなければならない（ただし経営にかかわることはCEOの指示を仰ぐ）」とされている。日本においても，取締役会の構成が変化するにつれ，取締役会事務局の社内の位置づけが変わっていくものと思われる。

Q98　現在日本では，社内外の取締役から構成される取締役のための団体が存在するが，取締役会事務局のための団体，あるいは事務局が参加している団体はあるか。

A98　日本では取締役会事務局に特化した団体はまだ作られていない。一方で，米国ではSociety for Corporate Governance（旧称Society of Corporate Secretaries & Governance Professionals），英国ではICSA（The Chartered Governance Institute，旧称Institute of Chartered Secretaries and Administrators）など，海外ではカンパニー・セクレタリー（取締役会事務局責任者）などのプロフェッショナルから構成されるNPO団体が存在する。それらの団体は，時に政府の依頼を受けてコーポレートガバナンスに関連する企業の

行動原則の策定に協力するなど，コーポレートガバナンスの分野でさまざまな活動・情報発信を行っている。日本では，まだそのような団体はないが，日本コーポレート・ガバナンス・ネットワークでは，取締役会事務局を対象とした研修コースを提供している。同研修の修了生による定期的な意見交換の場として「取締役会事務局懇話会」が設けられており，論文の発表など対外的な活動も行っている。

Q99　社内において，取締役会事務局の重要性に対する理解が不足しているように思われる。何か解決策はあるか。

A99　ある企業においては，CEO（兼議長）が，取締役会評価において，社内外の役員が事務局の社内の位置づけやその活動内容についてどのように考えているかを確認し，その結果にもとづき，取締役会事務局体制の強化を実施した。あるいは，事務局から提案して評価の項目に事務局に関する質問を加え，取締役会での議論を喚起することも考えられる。

⑨　海外の状況

Q100　海外の取締役会評価において，今後日本に影響を与えるような動きはあるか。

A100　現在の海外の動向から判断すると，日本の取締役会評価に影響を与えるものとしては，①第三者評価の在り方，②取締役選任議案と評価の関係，③取締役個人に対する評価の3つがあげられる。

　　まず第三者評価については，日本においても将来以下のような変化がおこる可能性がある。
・第三者評価の実施企業の増加
・第三者機関の名前の開示，および，当該企業とのその他のビジネスにおける関係性の有無の開示の要請
・第三者評価の質の確保のため，評価プロセスと評価の結果に関するより詳

細な開示の要請

　次に取締役選任議案については，現在，英米の主要機関投資家は，取締役会評価の結果と取締役選任議案の２つを結びつけて考えており，招集通知書や年次報告書に記載されている評価の結果も参考にしながら，取締役会選任議案に対する議決権行使を行っている。日本の機関投資家においてはまだそのような意識は薄いようであるが，今後投資家の行動が変化する可能性がある。

　取締役個人に対する評価については，現在，日本企業で行われているのは自己評価が中心であるが，今後，相互評価に対する関心が高まるものと思われる。

■参考資料■取締役会評価の開示例

　JPX日経400企業のコーポレートガバナンス報告書等の取締役会評価に関する説明（2019年7月時点）において，課題やその対応に関して詳細に記載している企業の中からいくつかの開示事例を参考までに以下に示す（企業名のあいうえお順に記載）。なお，ここでは課題と対応に関する記載を中心にとりあげており，その他の部分は割愛している。評価全体の開示については各社のコーポレートガバナンス報告書を参考にしていただきたい。

①　アサヒグループホールディングス株式会社

Ⅰ．分析・評価結果の概要
　（途中略）

iii）昨年度に認識した課題への対応に対する実効性評価アンケートによる評価
- ・認識した課題に関し，ガバナンス向上，ESG，新グループ理念制定に関する議論などを行いました。その結果，全ての課題につき，アンケートにて関連する項目で，十分又は概ねできているとの評価が多数となり，改善が進んでいることを確認しました。
- ・このなかで，継続的に改善すべき点として，「持続的な取締役会の実効性向上」については，サクセッション・プランの取締役会での議論やグローバルリスクマネジメントに関して，「企業の社会的価値・ESGに関する議論の推進」については，取締役会としてどのように役割を果たし，モニタリングしていくべきかについて，「グループに共通する企業風土の醸成」については，取締役会と執行側の役割の分担について，より一層の議論を行うべきとの認識となりました。

Ⅱ．今後の取り組み
　当社取締役会は，各取締役及び監査役から多くの提言を受けて議論した結果，以下の3点を課題として認識し，取締役会の実効性の向上を図ってまいります。
- ⅰ）実効的なコーポレートガバナンス体制の強化 －取締役会と指名・報酬委員会の実効性の向上－
  - ・取締役会が担うべき事項，執行側が担うべき事項，協働すべき事項の共通理解の確立

・取締役会と，指名・報酬委員会それぞれで所管する事項の整理
ⅱ）グループガバナンスの強化に向けたリスク体制の整備
・取締役会としての，HD及び重要なグループ会社トップのサクセッションの監督の整理
・取締役会として認識し，モニタリングするリスクの整理・確定及びそのモニタリング方法の策定
ⅲ）ESGへの取組みのレベルアップ
・ESGの取組みにおいて，取締役会が担う役割の明確化
・ESGの取組み状況をモニタリングする仕組みの構築

② 味の素株式会社

2．取締役会の実効性評価に関する評価の結果（概要）

アンケートの結果によると，取締役会の実効性については概ね高い評価であり，2017年度の結果に比べても，より高評価となっている項目が複数あります。これは，この1年間，当社が取締役会の実効性を高めるための改革を進めてきた成果であると考えます。とりわけ，下記の4点について改善が見られました。

（1）各諮問機関から定期的に審議結果が報告されるようになった
（2）重要事項に関する審議に充てる時間が増えた
（3）社内取締役の発言が増え，議論の活発化に改善が見られた
（4）役員構成について抜本的な検討が行われた

一方，以下のような改善すべきポイントが残っていると認識しております。

（1）企業戦略や中長期的方針の議論の充実化
（2）社外役員間の情報交換
（3）諮問機関の検討プロセスの報告
（4）社内取締役の発言
（5）内部統制・リスク管理体制の検証

3．前回アンケート結果を踏まえた取り組み

　2017年度のアンケートにおいては，諮問機関での審議についての情報の取締役会への十分な提供，重要事項の審議の充実，社内取締役の発言数の増加，今後の役員構成方針の検討等について課題が指摘されました。そこで，2018年度に，以下のとおり取締役会改革を進めました。

（1）取締役の構成の検討

　　執行と監督の分離をすすめ監督の強化を図るため，取締役総数は変更せずに業務執行を担当しない社内取締役候補者を2名にするとともに，取締役の多様性を考慮し議論の実効性を更に高めるために女性社内取締役候補者を選定しました。

（2）諮問機関による審議内容・結果の取締役会への報告

　　取締役会の諮問に基づき諮問機関で審議した結果について取締役会へ定期的に報告されるとともに，審議内容についても諮問機関が適切と判断した範囲で報告されるようになりました。

（3）社内取締役の発言数の増加

　　社内取締役が発言できる機会を増加させるとともに，社内取締役自身の意識改革も図り，取締役会等における議論の活発化につながりました。

（4）重要事項の審議の充実

　　重要事項の審議の充実化のため，付議事項を適切に選定して審議時間を確保するとともに，資料内容を整理し充実させました。

　今回の実効性評価において以上の取り組みの効果について検証いたしましたところ，取締役会における審議の充実や監督機能強化に貢献したことを確認いたしました。ただし，さらに改善の余地があることも確認いたしました。

4．今後の課題への対応

　2019年度においては，2018年度の取り組みを継続して推進するとともに，今回の実効性評価を踏まえ，取締役会で議論を行った結果，以下の取り組みを一層推進していくことにいたしました。

（1）企業戦略等に関する議論の更なる充実を確保するための事前準備の適切な実施および時間外の意見交換の機会の拡充

（2）社外役員間の意見交換の更なる促進のための社外役員連絡会の発足

（3）諮問委員会における審議過程についての取締役会におけるより丁寧な報
　　告の実施
（4）議論の更なる活発化のため，社内取締役の発言の確保に向けた取り組み
　　の継続的検討の実施
（5）内部統制・リスク管理体制の検証および対策の実施

　当社は，これらの施策を通じて，取締役会の実効性を向上させ，コーポレート
ガバナンスの一層の強化に努めてまいります。

③　MS&ADインシュアランスグループホールディングス株式会社

２．分析・評価結果の概要
（1）取締役会における論議内容と機能発揮について
＜向上した点＞
・海外投資案件等のリスクテイク案件について，個々の案件内容に深く踏み込
　んだ活発な論議が行われるようになってきている。
・グループのビジネスモデルである価値創造ストーリーと，CSV（社会との共
　通価値の創造），SDGsへの理解を深め，社員自らが日常業務で実践すること
　を目的に，グループ全体で「サステナビリティコンテスト」を実施し，国内
　外から500件を超える応募があり，理解浸透が進んだ。
・MS&AD統合レポート2018等を通じ，経営理念（ミッション）をより具体
　化した価値創造ストーリーをグループ内外に発信し，グループ内での理解浸
　透と社外からの評価向上につながった。
・内部通報制度を「スピークアップ制度」に名称変更するとともに，通報対象
　行為の拡大や，匿名受付の拡充を実施した。通報件数が増加しており，実効
　性は向上している。
＜今後強化していくべき点＞
・個々の案件は深い論議が行われているが，全体戦略から見た位置づけが重要
　である。「Vision 2021」の重要テーマ（サステナビリティ，デジタライゼー
　ション，ダイバーシティ＆インクルージョン推進）や国内損保事業戦略や海
　外事業戦略等について，勉強会又は取締役会において社外役員の理解を深め，
　論議を加速させる。

・「価値創造ストーリー」を実践する自らの取組みがCSV，SDGsにつながることをグループ全社員に浸透させることが重要であり，2019年度もグループ全体で「サステナビリティコンテスト」を実施するほか，海外拠点における社員意識調査の検討など，様々な手法を通じて一層の意識向上に取り組む。

・現場の実態を知ることが重要であり，新設する「スピークアップ室」を中心に，スピークアップ制度の更なる認知度向上，実効性向上のための情報発信を強化する。

（2）取締役会の運営

＜向上した点＞

・議場での議案の説明を簡略化する一括審議事項の拡大等の取組みにより，議案数は毎年減少し，戦略決定に向けた重要議案に時間を割いて論議することが定着しつつある。

・2015年度以降の取組みにより，定例取締役会における1件あたりの平均審議時間が毎年増加している等の改善が見られている。

・資料の事前配布や審議時間等の運営についても，適切に行われている。

・法定決議事項も多い中で，効率的な会議運営ができていると評価できる。

＜今後強化していくべき点＞

・時間的制約や一層の戦略的テーマの設定を考慮すると，毎回の取締役会等における論議・意見交換の機会拡充が必要であり，会議時間を2018年度よりも長く設定する。

（3）その他

＜向上した点＞

・自然災害の保険金支払を集中して行う災害対策本部の視察等，2017年度に引き続き事業会社見学会を実施した。

220

④ 花王株式会社

a　昨年度の取締役会実効性評価で指摘された課題への取り組み

＜昨年度の取締役会実効性評価で指摘された課題＞

- **１．人財戦略**：グローバルな事業拡大への対応に加え，事業環境の急激な変化に対応できるよう，10年先を見越した人財発掘・育成の議論をさらにスピードを持って深めていく
- **２．非財務活動（ESG活動）を含めた事業戦略**：経営については，変化に対応するだけでなく，変化を予想して先取りし，さらには変化を先導することが重要であり，非財務活動（ESG活動）を含めた事業戦略をさらに議論し，実行に移していく
- **３．法令遵守を実現するための内部統制**：統制体制の整備のみならず，体制が有効に機能する適時・適切な運用を常に見直していくための監督を実行する

＜上記の課題への取り組みに対する評価＞

１．人財戦略に関する議論

　次年度の経営・執行体制を審議するにあたり，人財戦略に関する一定の議論はできているものの，事業のグローバル化推進の前提となるグローバル人財の活用に加え，近時の技術革新に伴う価値観の多様化，それに伴う購買行動や流通構造の変化等への対応などのため，多様な人財の発掘・育成に関する議論を更に深める必要がある。

２．非財務活動（ESG活動）を含めた事業戦略に関する議論と実行

　経営者自らが率先して変化を先取りし，変化を先導する姿勢を示してそれを実践している。ESG活動はよく議論されており，2018年７月のESG部門新設も含め，適切かつ具体的に実行できている。

３．法令遵守を実現するための内部統制体制の整備及び監督

　重要案件の取締役会への情報共有・報告のスピードには改善が見られたが，体制整備と運用の両面において今後も継続的に強化が必要である。現場の責任者の危機管理に対する認識を向上させて，情報を早い段階で上げることで，事態を極小化することができ，また花王グループ全体での対応を議論することができる。

　（途中略）

c　取締役会の構成，運営状況，審議状況，会社からの支援

- **１．構成**：多様な経験や見識を持つ社内外の役員によりバランスよく適切に構

成されており，十分な意思疎通と活発な議論を行えるコンパクトな規模である。一方で，女性，外国人，全社を横串で見る役割を担う役員の登用・選任は今後の継続課題である。

2．**運営状況**：取締役会における充実した議論に資するため，取締役会の開催前に資料を配布し，議題の提案の背景，目的，その内容等について理解の促進が図られている。また必要に応じて取締役会事務局より十分な説明が行われている。開催頻度も適切に設定されている。

3．**審議状況**：各議題の発表自体は予定時間よりも短くして，質疑や議論の時間を十分に確保するよう議事進行がなされており，自由闊達で建設的な議論・意見交換が活発に行われている。取締役会の有用な議論を引き出すべく報告・説明のやり方，発表資料のについてさらなる工夫が求められる。

4．**会社からの支援**：役員向け講演会，国内外の事業所の訪問，組織・人財・研究開発等に関する情報のアップデイトが提供されており，適切な支援が行われている。今後も継続的かつ定期的な支援が求められる。

（途中略）

e　**取締役会における今後の課題**

1．人財戦略については，グローバルに活躍できる人財をはじめ，多様な人財の発掘・育成は継続的な課題である。10年後の当社グループのあるべき姿をふまえ，それを実践する人財像，その発掘や育成の方法についてはさらなる議論が必要であるという認識を共有している。

2．経営については，取締役会での議論を効果的に執行サイドにも共有し，また実際に執行をする人から直接意見を聞くなど，双方向のコミュニケーションを行うことによって，取締役会をさらに活性化し，取締役会の議論を執行に生かしていくべきである。

3．法令遵守を実現するための内部統制については，統制体制の整備のみならず，体制がさらに有効に機能する適時・適切な運用を常に見直していくための監督を実行しなければならない。

⑤　株式会社荏原製作所

【2017年度の実効性評価で抽出された課題への取組み】

　2017年度の評価では，当社の取締役会及び委員会の構成・運営状況に対する評価は総じて高く，適切に運営されていると評価しましたが，一方，企業価値の向上に資する長期的な課題（特に成長戦略）の抽出・議論の充実及び中期経営計画（E-Plan2019）の進捗状況のモニタリングについては，今後も継続的に取り組む必要があること，また，当社の事業・経営環境の変化に対応して，当社にとってあるべき取締役会の規模・構成を確保するために，取締役会の監督機能の実効性に関わる重要な要素について，定期的に検証していく必要があることを認識しました。

①　成長戦略などの長期的な課題の抽出・議論の充実，中期経営計画のモニタリング

　2018年度の取締役会の構成は，独立社外取締役に企業経営経験者を1名増員し，独立社外取締役7名のうち4名を企業経営者が占める構成としました。2018年度は，主要事業に加え，全ての個別事業に関し，成長戦略，中期経営計画の進捗と課題について時間をかけて議論を行いましたが，企業経営経験者が増えたことで一段と議論を深めることができたと考えています。

②　取締役会の規模・構成の定期的な検証

　指名委員会等設置会社へ移行した2015年は，独立社外取締役7名と社内（出身）取締役7名（うち業務執行取締役3名）という構成でスタートし，その後2017年に社内の非業務執行の取締役を1名減員し，独立社外取締役7名と社内（出身）取締役6名（うち，業務執行取締役3名）の計13名という構成となっていました。2017年度の実効性評価の結果を受け，2018年度は，取締役会における議論の深化といった観点から当社にとってあるべき取締役会と各委員会の規模・構成について時間をかけてじっくりと議論を行いました。指名委員会は，取締役会の意見を基に検討を行い，2019年度の取締役候補者の選定方針を決定しました。

③　後継者計画に関する議論の充実

　当社指名委員会は，2018年度に計13回開催され，指名委員会の策定した代表執行役社長の後継者計画に基づきしっかりと時間をかけて次期社長の選出を行いま

した。指名委員会における選出プロセス・議論については，都度，取締役会に適切に共有されて議論がなされるなど，透明性を確保しながら丁寧にプロセスを進めました。

【2018年度の実効性評価について】
　（途中略）
② **分析・評価結果の概要**
　上記分析の結果，当社の取締役会及び委員会の現状に対する各取締役の評価は総じて高く，取締役会及び委員会において重要な課題に対する十分な議論が行われており，適切に運営されていることが分かりました。昨年度の評価で認識された課題（成長戦略など長期的な課題 の抽出・議論の充実，中期経営計画（3）の継続的なモニタリング，取締役会の規模・構成の検証，代表執行役社長・取締役会議長・社外取締役のサクセッションプランに関する議論の充実）については，取組・改善が進んでいること，また，取締役会における議論については，社外取締役・社内取締役双方の努力，社外取締役に経営経験者が増えたことにより議論の質が高まっていること，社外取締役については自らの役割の重要性を認識しつつ経験・専門性に基づく発言がなされており，議論への貢献が高いことを確認しました。以上から，当社取締役会は，取締役会の監督機能が十分に発揮され，より高い実効性が確保できていると評価しました。

　一方，企業価値の向上に資する長期的な課題の抽出・議論の充実及び中期経営計画の進捗状況のモニタリングについては今後も継続して取り組む必要があること，取締役会の監督機能を高めるため，取締役会で審議された課題についてはその後の取組・改善の状況をモニタリングし，その実行を強く促していく必要があることを認識しました。また，当社の事業・経営環境の変化に対応して，当社にとってあるべき取締役会の規模・構成を確保するため，取締役会の監督機能の実効性に関わる重要な要素について，定期的に検証していく必要があることを確認しました。

③ **今後の対応**
　当社取締役会は，以下の各事項について今後継続的に取り組むことで取締役会の実効性をさらに高めていくことを確認しました。
　・企業価値の向上に資する長期的な課題及び中期経営計画の進捗と課題に関す

　る議論の充実
・重要な課題について，取締役会審議後の取組・改善状況の継続的なモニタリング
・実行に向けた後押しの強化
・取締役会の規模・構成の定期的な検証
・社外取締役のサクセッション・プランに関する議論の充実

⑥　株式会社ニチレイ

（2）評価結果の概要
（途中略）
　当社取締役会は外部専門家からの評価を真摯に受け止め，指摘又は提案を受けた事項についての議論を行い，以下のとおり今後の取締役会の運営に反映することにしました。

（a）ペーパーレス化された取締役会資料の記載の工夫について
　本年度の質問票への回答においては，このペーパーレス化の取組み開始からまだ期間がそれほど経過していない段階ではあったものの，取締役会資料がペーパーレス化されたことを前向きに捉える意見が多く見られ，ペーパーレス化を行ったこと自体は概ね肯定的に受け止められています。
　他方で，パワーポイント資料を用いることによってかえって内容が分かりにくくなったといった意見もあり，ペーパーレス化したことによるデメリットがあり得ることも認識出来ました。そのような中で，より分かりやすい取締役会資料に改善する余地があるとの指摘も複数あり，具体的には，「取締役会資料を映し出すパソコンの画面をより見やすくする」，「取締役会資料の様式を定型化することによって読みやすくする」，「当社や業界特有の用語や省略文字を説明する手引書を作成する」などの対応策を講じることがよいのではないかとの指摘がありました。
　これらの提案や指摘等を踏まえて，当社では今後の取締役会資料について，以下のとおり試み，取締役会の議題に関する理解をより深化させることにしました。
　≪今後について≫
　当社が多岐にわたる事業を展開していることを踏まえ，当社及び業界特有の用

語や省略文字を説明する手引書を作成し，取締役会資料に補足して周知するなど，必要に応じて情報共有することにしました。

（ｂ）サクセッションプランについて

　本年度においても，特に十分な議論を行うべきである事項としてサクセッションプランを挙げる意見が複数見られました。

　≪今後について≫

　本年４月１日付で経営トップである代表取締役社長が交代したことを踏まえ，経済産業省が2018年９月28日に改訂した「コーポレート・ガバナンス・システムに関する実務指針」も参考にして，代表取締役を中心に当社グループの企業経営理念に基づいた中長期的な視点で取り組み，指名諮問委員会での議論を活性化させ，取締役会にて適宜報告することにしました。

（ｃ）取締役会や任意の委員会のメンバー構成等について

　当社は監査役会設置会社であるところ，本年度の質問票への回答においては，取締役会の構成や，指名諮問委員会及び報酬諮問委員会の委員の構成等について，ダイバーシティの観点や取締役・監査役といった属性に基づく構成そのものについて多様な意見が見られました。特に，当社グループは事業領域が幅広く多様であることに加え，現状，独立社外取締役３名のいずれも企業経営者・企業経営経験者であることから，議論の幅を広げるうえでは大学教授など学識者を構成員に加えることは当社グループにとって有効ではないかなどの意見も複数見られました。

　≪今後について≫

　取締役会の構成については，2018年６月のコーポレートガバナンス・コードの改訂等に見られるように，独立社外取締役の割合を増加させるべきとの社会的要請が強まっていることに鑑み，経営戦略を踏まえ継続して検討を続けることにしました。もっとも，当社は監査役会設置会社であり，社外役員の構成は，社外取締役と社外監査役の総体として考えることも合理性はあると再認識しました。

　また，指名諮問委員会及び報酬諮問委員会の構成等については，中長期的な視点での議論を活性化させ，かつ役員の選任や報酬に関する方針および手続きについての透明性，客観性を高めるため，委員の構成はどのようにあるべきかの検討を続けていくことにしました。

226

　当社の取締役会は，アンケートを通して得られた意見やそれを踏まえた外部専門家の意見にも鑑み，当社取締役会は一定の実効性が担保され，また過去に認識した課題についても順次改善が図られていることを確認しました。今後も定期的・継続的に取締役会評価を実施して，実効性を高めてまいります。

⑦　横河電機株式会社

[2017年度に挙げた課題に対する取り組み状況]

　2017年度は社外取締役の視点で討議が必要と考える議題を設定することが，業務執行を監督するうえで，客観性・透明性を高め，コーポレートガバナンスの更なる向上に繋がるため，取締役会の議題設定の事前討議の実施を課題として挙げました。2018年度はこの議題設定に基づき，中期経営計画Transformation2020での変革に向けた全社および各部門での施策の進捗状況，当社の販管費の構造等を議題に設定して議論しました。これに加えて，2018年の社外役員会合で挙がった経営課題についても，議題に設定して議論しました。取締役会での議論の内容は，業務執行側にフィードバックし，その進捗確認を取締役会で行うサイクルを回しています。

（途中略）

[2018年度の取締役会評価結果の概要]

　第三者評価結果の概要は以下のとおりです。
・取締役会の構成・運営全般に対して高い評価がなされている
・取締役会においては，事業の変革を促し健全なリスクテイクの後押しをする議論がなされている。今後，議題の絞り込みなどにより，重要なポイントにさらに注力した議論を行うことが期待されている。
・社外取締役の経営の視点，外部の視点からの発言は議論に大きく貢献しており，メンバーの資質・構成に対する評価が高く，今後もこのような高い資質・構成が維持されることが期待されている。

　2017年度に挙げた課題への取り組み状況から，取締役会はその実効性向上に継続的に努めていることを確認したうえで，2018年度の評価結果について議論した結果，取締役会は有効に機能していることを確認しました。

［今後の改善の取り組みについて］

　2018年度の取締役会評価結果および社外役員会合での議論等も踏まえ，今後の改善計画について議論した結果，取締役会の議題設定の事前討議の実施を継続することとし，2019年度においても中期経営計画Transformation2020での変革に向けた施策の進捗状況報告を議題に設定し，取締役会で監督していくこととしています。さらに，重要ポイントの議論に注力するため審議時間の有効活用および議論の質向上にも取り組んでいます。また，社外取締役だけでなく社外監査役についても高い資質・構成を維持するために，指名諮問委員会において，社外取締役および社外監査役の後継者選定プロセスについての議論を深めることにも取り組んでいます。

　今後も取締役会の現状に対する評価を毎年行い，取締役会の実効性向上に努めていきます。

⑧　コニカミノルタ株式会社

（5）実効性評価の結果
（a）取締役会の構成・役割等について

　取締役会の構成，社外取締役の人数・顔ぶれ（専門性・得意分野）は適切であり，実効性のある運営が可能であることが確認された。「これまで特にキャリア・スキルのダイバーシティを中心に社外取締役候補者を選定してきたことにより，内容の濃い取締役会となる適切な構成である。」，「社外取締役の人数は適切。理想を追って数を増やしても，執行側が消化し切れず実効性が低下するだろう。」，「執行役兼務の取締役4名の中に最大事業部門の責任者を加えたことは事業の現場に根差した議論を行うために適切である。」，等の意見が示された。一方，今後の社外取締役候補者選定で考慮すべき，専門性についての意見が得られた。

　社外取締役や取締役会議長から，執行陣にとって有益な発言が提供されていること，及び，執行陣が適切なリスクテイクをできる環境が，取締役会から提供されていることが，確認できた。一方，提供された実行可能な意見に対する，執行側のフォローアップの改善を求める意見があった。

（b）取締役会の実効性，運営実態について

　取締役会においてより適切な発言・判断ができ，取締役会がよりパフォーマンスを発揮するために，執行側の説明や情報提供の，更なる改善を望む意見が複数あった。また，資料提出時期の更なる改善，事業部門との非公式な意見交換の場を望む意見があった。取締役会・委員会事務局による支援は，ほぼ適切との結果であった。

　取締役間でのコミュニケーションが確立され，建設的な関係が構築できていることが確認できた。一方，取締役と執行役とのコミュニケーションの場，ネットワーキングの場の工夫を望む意見があった。

　取締役会の運営について，社会情勢や経営環境を踏まえた議題の設定が行われていること，審議時間が確保されていること，自由闊達で建設的な議論ができていること，決議事項と報告事項の設定も適切であること，取締役会議長による議事運営も適切であることが確認された。一方，（１）取締役会で議論した事項の，執行側による実行状況のモニタリングに改善の余地がある，（２）成長ドライバーとなる事業に対し報告の頻度をあげてはどうか，（３）執行兼務取締役の更なる議論参加を望む，等の意見があった。

　株主価値にも関わる，投資家への情報発信・情報開示や，投資家との対話からのフィードバックに取締役会が一層関心を持つべき，との意見が示された。

（ｃ）三委員会の運営について

　指名委員会による取締役候補者選定プロセスの運用が適切であること，執行役の選任・解任に関する監督が適切であること，CEOの後継者計画の監督が適切であることが確認された。一方，経営人財の育成計画の監督は，もう少し関与が必要との意見が示された。

　監査委員会による執行役・取締役の職務執行の監督が総じて適切であること，内部統制システムの構築・運用状況の監督が適切であること，内部監査部門や会計監査人との連携が適切であることが確認された。一方，海外における職務執行の監督にさらに工夫を要するとの意見が示された。

　報酬委員会による執行役・取締役報酬体系のレビューと報酬水準のチェックが適切なこと，執行役の業績評価に関する監督が適切なことが確認された。一方，外国人執行役が属する国の経営者報酬の相場観について知見を高めるべき，との意見があった。

（ｄ）ガバナンス全般について

　当社のガバナンスシステムが総合的に見て実効的に機能していること，意思決定の透明性・公正性が担保されていること，経営執行の自律性の発揮や迅速・果断な意思決定を阻害していないこと，取締役会議長がガバナンスシステムを実効的に機能させるための責務を果たしていることが確認された。一方，当社のガバナンスシステムに執行陣が付いて来られているかのチェックが常に必要との意見，「迅速・果断な意思決定を阻害しない」から「迅速・果断な意思決定を促進する」への進化を意識すべき，との意見が示された。

　「守りのガバナンス」に関する留意点として，（1）最新動向を踏まえたサイバーセキュリティーの取り組み，（2）社会が企業のガバナンスに求める視点の変化への対応，（3）海外子会社の内部統制（指示が海外子会社の末端まで届いているか），等が挙げられた。

　「攻めのガバナンス」の観点で取り組むべきこととして，（1）投資案件に対する経営のレベルアップ，（2）次期中期計画策定過程を通じたより深い戦略議論（事業ポートフォリオ，資源配分，資本生産性など），等が挙げられた。

（e）2018年度取締役会運営方針に掲げた事項の取り組みについて

　設定予定だった取締役会議題の一部を次期中期計画策定過程で確認することとした以外は，運営方針に掲げた事柄が実行されたことが確認された。

　2019年度の運営に向け，（1）Out of Box的発想の戦略議論を行なってはどうか，（2）人財についての客観的な評価に基づく思い切った人財施策を議論してはどうか，との意見が示された。

（6）2019年度の取締役会運営方針概要

　取締役会実効性評価の結果を踏まえ，取締役会議長が2019年度の運営方針を策定し，定時株主総会直後の取締役会で説明を行いました。

・取締役会での要請事項・決定事項の，執行によるフォローの状況を共有する
・投資に関する執行・監督のレベルアップ
・成長事業・新規事業のモニタリングの頻度を上げる
・次期中期経営計画の策定過程を通じて，戦略議論を深める
・株主価値向上のため，投資家からの評価を共有する機会を増やすとともに投資家への発信・開示に関する取締役会の関与を高める

　上記運営方針に加え，実効性評価に基づく，執行役，事務局，各委員会への要請事項・依頼事項が示されました。

⑨　第一生命ホールディングス株式会社

２．取締役会の実効性に関する評価の結果（概要）

　アンケートの結果，取締役会運営および議論の内容について，総合的に評価が高いことが確認されました。回答全体を通してネガティブな評価が少なく，総じて高い評価となっております。従来から高い評価となっておりますが，昨年との比較においてもさらに改善が進んでいることが確認されました。また，社外取締役および『他の会社の社外役員を兼務する社内取締役』からも，効果的な取締役会運営が行われているとの回答が多く，相対的に優れているとの評価となっています。

　さらに，取締役会以外での情報提供等の適切性につきましても，全社外取締役から「そう思う」との最上位の評価を受けており，タブレット端末の活用等も含めた各種取組みが奏功したと思われます。

　一方で，以下の点についてはさらなる改善の余地がある，との指摘が引き続きなされました。

- ・資料や説明における審議事項・報告事項の内容，論点・議論のポイント等の明確化
- ・重要案件に関する議論の一層の深堀
- ・取締役会と監査等委員会，任意の指名諮問委員会・報酬諮問委員会との連携強化

３．前回アンケート結果を踏まえた取組み

　2017年度のアンケートにおきまして，社内外の取締役から概ね高い評価を受けたものの，資料や説明における論点の明確化等を通じたメリハリのある運営や取締役会と各委員会の連携強化，社内外取締役間のコミュニケーション活性化等について課題が指摘されました。そこで，2018年度に以下のとおり取締役会運営の充実・見直しを進めました。

≪取締役会審議の活性化≫

- ・取締役会上程議案の見直し
- ・平易・簡潔な説明の推進（議論のポイント等を簡潔に記載したサマリーを中心に説明する運営の推進，論点の明確化や平易な言葉の使用等，資料記載内容の見直し）

　・経営会議での議論のポイントの口頭補足の徹底
　・監査等委員会での審議状況等の共有，指名諮問委員会・報酬諮問委員会での
　　審議事項の報告等による取締役会との連携強化

≪社外取締役の経営の理解促進≫
　・経営戦略等に関する社長・担当役員と社外取締役とのディスカッション実施
　・国内外拠点訪問による現地経営幹部との意見交換等の実施
　・DSR※推進大会等の社内行事への社外取締役の参加
　　※一般的なCSR（企業の社会的責任）という言葉の枠に留まらない当社独自
　　　の経営の枠組みについて，「DSR＝Dai-ichi's Social Responsibility（第一生
　　　命グループの社会的責任）」と表現したもの

　以上の取組みの結果と効果について，今回の取締役会評価において検証したと
ころ，「２．取締役会の実効性に関する評価の結果（概要）」に記載のとおり，こ
れらの取組みが審議の活性化と社外取締役の当社経営の理解促進に貢献したこと
を確認しました。ただし，今回の取締役会評価の結果に見られるように，さらな
る改善の余地があることも確認しております。

４．今後の課題への対応
　2019年度については，上記の自己評価結果を踏まえて取締役会で議論をした結
果，以下の項目を中心に2018年度の取組みを一層強化し，特に重要案件の議論を
深めていくことといたしました。

　2014年度より取締役会の実効性向上に向けた課題を明らかにし，改善を図るこ
とを目的として取締役会の実効性に関する自己評価を実施する中で，取締役会の
運営面における課題は年々改善してきており，今後は取締役会におけるより本質
的な議論を深めるための取組みに集中してまいります。

　①　取締役会資料のサマリーにおける審議事項・報告事項の内容，論点・議論
　　　のポイント等の一層の明確化とサマリーのみでの説明の徹底（経営会議運営
　　　も同様に見直し）
　②　経営会議等，執行部門における議論のポイントの口頭補足の徹底
　③　検討・別途報告とされた事項の取締役会での共有化とフォロー

232

④　経営戦略等，重要な課題に関する社長・担当役員と社外取締役とのディスカッションの実施
⑤　午餐会等を活用した情報提供の充実
加えまして，ガバナンス体制全体に関する強化の一環として，
①　社外取締役のみでの意見交換等の場の設定
②　取締役会と任意の指名諮問委員会・報酬諮問委員会とのさらなる連携強化
も検討を進めてまいります。

　これらの施策を通じて，取締役会運営の実効性を向上させ，監督機能の向上およびコーポレートガバナンスの一層の強化に努めてまいります。

⑩　日本ユニシス株式会社

1．「2018年度の対応方針」に関する評価結果について
　当社は2017年度の実効性評価の結果を踏まえ，以下の（1）〜（4）を「2018年度の対応方針」として掲げ，それぞれ取り組んでまいりました。

（1）今後の当社における取締役会の役割・機能のあるべき姿につき再確認した上で，社内・社外取締役の選解任基準を明確化する。
＜2018年度の取組み＞
・当社の取締役会の機能・役割は「中長期的な視点・企業価値の向上を意識して，経営の大きな方向性を示すこと，それを執行に反映させ，その実行をモニタリングすること」であることを再確認。
・社内取締役の選任基準明確化に関し，CEOの後継者要件である7つのコンピテンシの適用範囲を，経営陣幹部（執行役員を兼務する取締役）に拡大。
・取締役の解任基準を明確化。

（2）CEOをはじめとする経営陣幹部のサクセッション・プランにつき，今後さらに具体的に検討する。
＜2018年度の取組み＞
・サクセッション・プランの一環として「経営リーダープログラム」を開始。
・サクセッション・プランの対象範囲を経営陣幹部に拡大。

・経営陣幹部のサクセッション・プランの進捗につき取締役会で議論。

（３）上程議案に関し取締役会で十分な議論を促すため，すでに実施している議題の事前説明に加え，経営会議での議論のより詳細な内容について社外取締役と共有する。

＜2018年度の取組み＞

・経営会議における審議ポイントの共有や，取締役会への上程が予定される重要議案の前広な報告により，論点を明確化し，議論を深化。

（４）社外取締役同士，また監査役と社外取締役の連携強化のため，情報交換の機会をさらに増やす。

＜2018年度の取組み＞

・独立社外取締役間および代表取締役と独立社外取締役による戦略・ガバナンスに関する討議（計３回），ならびに監査役と非業務執行取締役の情報・意見交換（計３回）を実施。

　取締役会にてこれらの取組みにつき審議した結果，対応方針（１）のうち，社外取締役の選任基準の明確化については，さらなる検討が必要であり，2019年度に継続して対応することとなりました。その他項目については，改善が図られたとの評価を得ております。

２．その他の評価結果および2019年度の対応方針について

　2017年度の実効性評価において高い評価を得た項目，例えば「取締役会の規模・構成」や，「取締役会の運営状況（オープンで活発な議論が行われている）」，「役員研修」，「投資家・アナリストの当社に対する評価の取締役会へのフィードバック」等については，2018年度も引き続き高い評価を得ております。

　一方で，検討・改善の必要がある項目として，以下の指摘がありました。

（１）経営の本質にかかわるテーマにつき，より深い議論が必要。

（２）当社ガバナンス体制のさらなる強化に向け，①独立社外取締役の指名・報酬委員会の委員長就任，ならびに②役員報酬体系の再考を要する。

2019年度の対応方針

　上記評価結果を踏まえ，まず，指名・報酬委員会の委員長を，2019年度より独立社外取締役に変更いたしました。また2019年度は，2018年度の対応方針のうち

対応済みの事項についても，引き続き適切な運用・改善に努めるとともに，以下
に取り組む予定です。
（1）社外取締役の選任基準と選定プロセスの明確化を図る。
（2）役員報酬が持続的な成長に向けた健全なインセンティブとして機能する
　　　よう，報酬体系を見直す。
（3）取締役会の運営を見直しの上，事業戦略，風土改革，サステナビリティ
　　　等，経営の本質にかかわるテーマにつき，さらに議論を深める。

《参考文献》

· Kakabadse, Andrew, Nadeem Khan, and Nada Kakabadse, *Leadership on the Board, The Role of Company Secretary*, Central Archive at the University of Reading, 2017 (http://centaur.reading.ac.uk/68907/1/Ch-16%20word%20version.pdf).

· Lynch, Andrew, "Top Marks for the Carillion Board," *The Sunday Times*, January 21, 2018.

· BHP, *Annual Report 2018* (https://www.bhp.com/-/media/documents/investors/annual-reports/2018/bhpannualreport2018.pdf).

· Carillion, *Annual Report and Accounts 2016* (http://www.annualreports.com/HostedData/AnnualReports/PDF/LSE_CLLN_2016.pdf).

· CII Research and Education Fund, *Board Evaluation Disclosure*, January 2019 (https://docs.wixstatic.com/ugd/72d47f_e4206db9ca7547bf880979d02d0283ce.pdf).

· Council of Institutional Investors, *Best Disclosure: Director Qualifications & Skills*, February 2014 (https://www.cii.org/files/publications/governance_basics/04_28_14_best_disclosure.pdf).

· Council of Institutional Investors, *Best Disclosure: Board Evaluation*, September 2014 (http://www.cii.org/files/publications/governance_basics/08_18_14_Best_Disclosure_Board_Evaluation_FINAL.pdf).

· Walker, David, *A Review of Corporate Governance in UK Banks and Other Financial Industry Entities - Final Recommendations*, 26 November 2009.

· Department for Business, Energy & Industrial Strategy, *Insolvency and Corporate Governance, Government Response*, August 26, 2018 (https://assets.publishing.service.gov.uk/government/uploads/system/uploads/attachment_data/file/736207/ICG_-_Government_response_doc_-_24_Aug_clean_version__with_Minister_s_photo_and_signature__AC_final.pdf).

· Department for Business, Energy & Industrial Strategy, *Independent Review of the Financial Reporting Council, Initial Consultation on the Recommendations*, 11 June 2019, (https://assets.publishing.service.gov.uk/government/uploads/system/uploads/attachment_data/file/784988/independent-review-financial-reporting-council-initial-consultation-recommendations.pdf).

· Higgs, Derek, *Review of the Role and Effectiveness of Non-executive Directors*, January 2003.

· Nordberg, Donald, and Rebecca Booth, *Response to UK Corporate Governance Consultation*, 2018 (https://www.frc.org.uk/getattachment/0b954635-be94-470baf5e-984c26710352/Carey-Group;.aspx).

EY Center for Board Matters, *2018 Proxy Season Review*, 2018 (https://www.ey.com/Publication/vwLUAssets/EY-cbm-proxy-season-review-2018/$FILE/EY-cbm-proxy-season-review-2018.pdf).

· EY Center for Board Matters, *Five Takeaways from the 2019 Proxy Season*, 2019, (https://assets.ey.com/content/dam/ey-sites/ey-com/en_us/topics/cbm/ey-cbm-2019-proxy-season-preview.pdf).

· EY Center for Board Matters, *How Companies Are Evolving Board Evaluations and Disclosures*, 2019, p.2, (https://assets.ey.com/content/dam/ey-sites/ey-com/en_us/topics/cbm/ey-how-companies-are-evolving-board-evaluations-and-disclosures.pdf)

· Financial Reporting Council, *Guidance on Board Effectiveness*, July 2018 (https://www.frc.org.uk/getattachment/61232f60-a338-471b-ba5a-bfed25219147/2018-Guidance-on-Board-Effectiveness-FINAL.PDF).

· Financial Reporting Council, *The Combined Code on Corporate Governance*, July 2003.

· Financial Reporting Council, *Good Practice Suggestions from the Higgs Report*, June 2006.

· Financial Reporting Council, *2009 Review of the Combined Code: Final Report*, December 2009.

· Financial Reporting Council, *The UK Corporate Governance Code 2010*.

· Financial Reporting Council, *Guidance on Board Effectiveness*, March 2011.

· Financial Reporting Council, *Developments in Corporate Governance 2011, The Impact and Implementation of the UK Corporate Governance and Stewardship Codes*, December 2011 (https://www.frc.org.uk/getattachment/cf48b625-81d0-4e4b-9982-9b79f6b529de/Developments-in-Corporate-Governance-20117.pdf).

· Financial Reporting Council, *The UK Corporate Governance Code*, September 2012 (https://www.frc.org.uk/getattachment/e322c20a-1181-4ac8-a3d3-1fcfbcea7914/UK-Corporate-Governance-Code- (September-2012).pdf).

· Financial Reporting Council, *Developments in Corporate Governance 2012, The Impact and Implementation of the UK Corporate Governance and Stewardship Codes*, December 2012 (https://www.frc.org.uk/getattachment/0aea228a-9c81-4d4c-bd59-b55683c6b88c/Developments-in-Corporate-Governance-2012-final-for-web.pdf).

· Financial Reporting Council, *Developments in Corporate Governance 2013, The*

Impact and Implementation of the UK Corporate Governance and Stewardship Codes, December 2013 (https://www.frc.org.uk/getattachment/9b72fe39-dabd-46ec-9692-973e6ed6c033/Developments-in-Corporate-Governance-2013.pdf).

- Financial Reporting Council, *The UK Corporate Governance Code*, September 2014 (https://www.frc.org.uk/getattachment/59a5171d-4163-4fb2-9e9d-daefcd7153b5/UK-Corporate-Governance-Code-2014.pdf).

- Financial Reporting Council, *Developments in Corporate Governance and Stewardship 2014*, January 2015 (https://www.frc.org.uk/getattachment/6f0a7c78-abd2-4480-bf6f-188e02b06a9c/Developments-in-Corporate-Governance-and-Stewardship-2014.pdf).

- Financial Reporting Council, *Developments in Corporate Governance and Stewardship 2015*, January 2016 (https://www.frc.org.uk/getattachment/a0a980b7-17bc-43b5-adcc-b2096a1528ae/Developments-in-Corporate-Governance-and-Stewardship-2015-FINAL.pdf).

- Financial Reporting Council, *The UK Corporate Governance Code*, April 2016 (https://www.frc.org.uk/getattachment/ca7e94c4-b9a9-49e2-a824-ad76a322873c/UK-Corporate-Governance-Code-April-2016.pdf).

- Financial Reporting Council, *Developments in Corporate Governance and Stewardship 2016*, January 2017 (https://www.frc.org.uk/getattachment/ca1d9909-7e32-4894-b2a7-b971b4406130/Developments-in-Corporate-Governance-and-Stewardship-2016.pdf).

- Financial Reporting Council, *Proposed Revisions to the UK Corporate Governance Code*, December 2017 (https://www.frc.org.uk/getattachment/f7366d6f-aa57-4134-a409-1362d220445b/;.aspx).

- Financial Reporting Council, *Feedback Statement Consulting on a Revised UK Corporate Governance Code*, July 2018 (https://www.frc.org.uk/getattachment/90797f4b-37a1-463e-937f-5cfb14dbdcc4/2018-UK-Corporate-Governance-Code-Feedback-Statement-July-2018.pdf).

- Financial Reporting Council, *The UK Corporate Governance Code*, July 2018 (https://www.frc.org.uk/directors/corporate-governance-and-stewardship/uk-corporate-governance-code).

- Financial Reporting Council, *Annual Review of Corporate Governance and Reporting 2017/2018*, October 2018 (https://www.frc.org.uk/getattachment/f70e56b9-7daf-4248-a1ae-a46bad67c85e/Annual-Review-of-CG-R-241018.pdf).

- Financial Reporting Council, *The Wates Corporate Governance Principles for*

Large Private Companies, December 2018 (https://www.frc.org.uk/
getattachment/31dfb844-6d4b-4093-9bfe-19cee2c29cda/Wates-Corporate-
Governance-Principles-for-LPC-Dec-2018.pdf).
- GE, *2019 Notice of Annual Meeting and Proxy Statement* (https://www.ge.com/
investor-relations/sites/default/files/GE_Proxy2019.pdf).
- Davis, Glenn, and Brandon Whitehill (Council of Institutional Investors), "Board
Evaluation Disclosure," *Harvard Law School Forum on Corporate Governance
and Financial Regulation*, January 30 2019 (https://corpgov.law.harvard.
edu/2019/01/30/board-evaluation-disclosure/).
- Grant Thornton, *Corporate Governance Review 2011, A Changing Climate Fresh
Challenges Ahead*, 2011, pp. 18-19, 42 (http://www.grant-thornton.co.uk/pdf/
corporate_governance.pdf).
- Grant Thornton, *Corporate Governance Review 2012, The Chemistry of
Governance, a Catalyst for Change*, 2012, pp. 20-21, 46 (http://www.grant-
thornton.co.uk/Global/Publication_pdf/Corporate_Governance_Review_2012.pdf).
- Grant Thornton, *Corporate Governance Review 2013, Governance Steps Up a
Gear*, 2013 (http://www.grant-thornton.co.uk/Documents/FTSE-350-Corporate-
Governance-Review-2013.pdf).
- Grant Thornton, *Corporate Governance Review 2014, Plotting a New Course to
Improved Governance*, 2014 (http://www.grantthornton.co.uk/globalassets/1.-
member-firms/united-kingdom/pdf/publication/2014/corporate-governance-
review-2014.pdf).
- Grant Thornton, *Corporate Governance Review 2015, Trust and Integrity – Loud
and Clear?*, 2015 (http://www.grantthornton.co.uk/globalassets/1.-member-
firms/united-kingdom/pdf/publication/2015/uk-corporate-governance-review-and-
trends-2015.pdf).
- Grant Thornton, *Corporate Governance Review 2016, The Future of Governance:
One Small Step*, 2016 (https://www.grantthornton.co.uk/globalassets/1.-member-
firms/united-kingdom/pdf/publication/2016/2016-corporate-governance-review.
pdf);
- Grant Thornton, *Corporate Governance Review 2017*, 2017 (*https://www.
grantthornton.co.uk/globalassets/1.-member-firms/united-kingdom/pdf/
publication/corporate-governance-review-2017. pdf*).
- Grant Thornton, *Corporate Governance Review 2018*, 2018 (https://www.
grantthornton.co.uk/globalassets/1.-member-firms/united-kingdom/pdf/

documents/corporate-governance-review-2018.pdf).
- Grant Thornton, *Corporate Governance Review 2019*, 2019, p.49 (https://www2. grantthornton.co.uk/rs/445-UIT-144/images/Corporate%20Governance%20 Review%202019%20%28LP1%29.pdf)
- GSK, *Annual Report 2017*, p.92 (https://www.gsk.com/media/4751/annual-report.pdf).
- ICGN, *ICGN Global Governance Principle*, 2017 (http://icgn.flpbks.com/icgn_ global_governance_principles/ICGN_Global_Governance_Principles.pdf).
- ICSA, *Board Evaluation-Review of the UK Top 200 Companies 2012*, April 2013.
- ICSA, *ICSA to Review the Quality and Effectiveness of Board Evaluations*, August 26, 2018 (https://www.icsa.org.uk/about-us/press-office/news-releases/icsa-to-review-the-quality-and-effectiveness-of-board-evaluations).
- ICSA, *Consultation, Review of the Effectiveness of Independent Board Evaluation in the UK Listed Sector*, May 2019 (https://www.icsa.org.uk/assets/files/pdfs/ guidance/consultations-2019/icsa_board_evaluation_-consultation_document_-may2019.pdf).
- Institute of Directors, *The Challenge of Board Evaluation*, 2 September 2010.
- International Finance Corporation, *The Corporate Secretary: The Governance Professional*, 2016, (https://www.ifc.org/wps/wcm/connect/4b96fc61-80da-4508-98f7-8a3641e8178c/CG_CoSec_June_2016.pdf?MOD=AJPERES&CVID=llo4tQ-).
- Winter, Jaap, and Erik van de Loo, "Boards on Task Towards a Comprehensive Understanding of Board Performance," *DSF Policy Paper*, No. 31, November 2012, (http://www.dsf.nl/assets/cms/File/Research/DSF%20Policy%20Paper%20 No%2031%20Boards%20on%20Task%20-%20Towards%20a%20Comprehensive%20 Understanding%20of%20Board%20Performance (1).pdf).
- Kingman, John, *Independent Review of the Financial Reporting Council*, December 2018 (https://assets.publishing.service.gov.uk/government/uploads/ system/uploads/attachment_data/file/767387/frc-independent-review-final-report. pdf).
- Kessel, Mark, and Stephen T. Giove, "Board Self-Evaluations: Practical and Legal Implications," *NACD Directorship*, May/June 2014).
- Legal and General Investment Management, *Board Effectiveness Reviews, Guiding Principles* (https://www.lgim.com/files/_document-library/capabilities/ board-effectiveness-reviews-jan-16.pdf).
- Legal and General Investment Management, *Fundamentals: Active Ownership:*

Driving the Change, October 2014 (http://www.lgim.com/files/_document-library/knowledge/thought-leadership-content/fundamentals/fundamentals-oct-2014-eng.pdf).
- London Stock Exchange, *Your Guide to ESG Reporting,* January 2018 (https://www.lseg.com/sites/default/files/content/images/Green_Finance/ESG/2018/February/LSEG_ESG_report_January_2018.pdf).
- Minerva Analytic, *Regulatory Briefing Board Evaluation in Europe,* February 2019, p.11.
- Morrow Sodali, *Institutional Investor Survey 2018.*
- Morrow Sodali, *Institutional Investor Survey 2019* (https://www.morrowsodali.com/uploads/insights/attachments/ae189c6414e1ef6b0eed5b7372ecb385.pdf).
- Nasdaq Corporate Solution, *Optimizing Board Evaluation,* August 2016 (https://nq.nasdaq.com/BL_Optimizing_Board_Evaluations).
- National Association of Corporate Directors, *The Blue Ribbon Commission Report on Performance Evaluation of CEOs, Boards, and Directors,* Washington, 1994.
- New York Stock Exchange Rule 303A.091.
- OECD, *Corporate Governance and the Financial Crisis: Key Findings and Main Messages,* June 2009 (http://www.oecd.org/corporate/ca/corporategovernanceprinciples/43056196.pdf).
- OECD, *Board Evaluation Overview of International Practices,* 2018 (http://www.oecd.org/daf/ca/Evaluating-Boards-of-Directors-2018.pdf).
- PwC, *2018 Annual Corporate Directors Survey,* October 2018 (https://www.pwc.com/us/en/governance-insights-center/annual-corporate-directors-survey/assets/pwc-annual-corporate-directors-survey-2018.pdf).
- PwC, *PwC's 2019 Annual Corporate Directors Survey, The Collegiality Conundrum, Finding Balance in the Boardroom,* 2019, p.5, (https://www.pwc.com/us/en/services/governance-insights-center/assets/pwc-2019-annual-corporate-directors-survey-full-report-v2.pdf.pdf
- Sadan, Sacha, "Carillion's Collapse Exposes Deep Corporate Governance Failings, Action Must Be Taken to Improve the Stewardship of UK Companies," *Financial Times,* February 14, 2018.
- Society of Corporate Secretaries and Governance Professionals, *The Corporate Secretary: An Overview of Duties and Responsibilities,* July 2013 (https://higherlogicdownload.s3.amazonaws.com/GOVERNANCEPROFESSIONALS/a8892c7c-6297-4149-b9fc-378577d0b150/UploadedImages/HomePageDocs/

Corp%20Secretary%20-%20Duties%20and%20Responsibilities.pdf).

・Spencer Stuart, *2017 Spencer Stuart U.S. Board Index*, 2017, p.33 (https://www. spencerstuart.com/~/media/ssbi2017/ssbi_2017_final.pdf).

・Spencer Stuart, *2018 UK Spencer Stuart Board Index*, 2018 (https://www. spencerstuart.com/-/media/2018/december/ukbi2018_8b.pdf).

・Spencer Stuart, *2018 United States Spencer Stuart Board Index*, 2018 (https:// www.spencerstuart.com/-/media/2019/july/ssbi_2018_new.pdf).

・Spencer Stuart, 2019 U.S. Spencer Stuart Board Index, 2019, p.28 (https://www. spencerstuart.com/-/media/2019/ssbi-2019/us_board_index_2019.pdf).

・Klemash, Steve, Rani Doyle, and Jamie C. Smith (EY Center for Board Matters), "Effective Board Evaluation," *Harvard Law School Forum on Corporate Governance and Financial Regulation* (https://corpgov.law.harvard. edu/2018/10/26/effective-board-evaluation/).

・The All Party Parliamentary Corporate Governance Group, *Evaluating the Performance of UK Boards Lessons from the FTSE 350*, October 2007.

・The All Party Parliamentary Corporate Governance Group, *10 Years of Reviewing the Performance of UK Boards Lessons from the FTSE All Share*, September 2013.

・The All Party Parliamentary Corporate Governance Group, *15 Years of Reviewing the Performance of Boards Lessons from the FTSE All Share and Beyond*, June 2018 (https://www.appcgg.co.uk/15-years-of-reviewing-the-performance-of-boards/).

・The Australian Council of Superannuation Investors and The Centre for Corporate Governance (University of Technology, Sydney), *The State of Play on Board Evaluation in Corporate Australia and Abroad Study*, October 2010 (https://www.uts.edu.au/sites/default/files/BoardEffectiveness.pdf).

・The Committee on the Financial Aspects of Corporate Governance chaired by Adrian Cadbury, *The Financial Aspects of Corporate Governance*, 1992.

・Toronto Stock Exchange, *Where Were the Directors? Guidelines for Improved Corporate Governance*, 1995.

・Long, Tracy, "*Board Evaluation*," Corporate Governance for Main Market and AIM Market, London Stock Exchange, September 2012 (http://www.londonstoc kexchange.com/companies-and-advisors/aim/publications/documents/corpgov. pdf)

・一般社団法人生命保険協会『平成28年度生命保険協会調査　株式価値向上に向けた取り組みについて』2017年3月21日一般社団法人生命保険協会『平成29年度生命保険協会調査　株式価値向上に向けた取り組みについて』2018年4月20日
・一般社団法人生命保険協会『生命保険会社の資産運用を通じた「株式市場の活性化」と「持続可能な社会の実現」に向けた取組について』2019年4月（https://www.seiho.or.jp/info/news/2019/pdf/20190419_3-all.pdf）
・岩田宜子・森央成・磯野真宇「取締役会評価の現状分析と今後の課題」『商事法務』2017年12月5日号（No.2152）
・岩田宜子・森央成・磯野真宇「取締役会評価の現状分析と今後の課題」『商事法務』2019年7月25日号（No.2205）
・岩田宜子・森央成「取締役会評価の現状分析と今後の課題　2019年9月末のCG報告書を題材に」『商事法務』2019年11月15日号（No.2214）
・株式会社王将フードサービス，コーポレートガバナンスの評価・検証のための第三者委員会『調査報告書（公表版）』2016年3月29日（http://219.99.171.189/webcm/pdf/2016.3.29_1.pdf）
・株式会社王将フードサービス『当社の取締会評価の結果の概要について』2016年3月11日（https://www.ohsho.co.jp/webcm/pdf/20160311.pdf）
・株式会社東京証券取引所『コーポレートガバナンス・コード』2015年6月1日（https://www.jpx.co.jp/news/1020/nlsgeu000000xbfx-att/code.pdf）
・株式会社東京証券取引所『コーポレートガバナンス・コードへの対応状況及び関連データ』2015年9月24日
・株式会社東京証券取引所『コーポレートガバナンス・コードへの対応状況（2015年12月末時点）』2016年1月20日（https://www.jpx.co.jp/equities/listing/cg/tvdivq0000008jdy-att/20160120-1.pdf）
・株式会社東京証券取引所『コーポレートガバナンス・コードへの対応状況（2016年7月末時点）』2016年9月13日（https://www.jpx.co.jp/equities/listing/cg/tvdivq0000008jdy-att/nlsgeu000001y75a.pdf）
・株式会社東京証券取引所『コーポレートガバナンス・コードへの対応状況（2016年12月末時点）』2017年1月16日（https://www.jpx.co.jp/equities/listing/cg/tvdivq0000008jdy-att/20170116.pdf）
・株式会社東京証券取引所『コーポレートガバナンス・コードへの対応状況（2017年7月14日時点）』2017年9月5日（https://www.jpx.co.jp/equities/listing/cg/tvdivq0000008jdy-att/nlsgeu000002nrg9.pdf）
・株式会社東京証券取引所『コーポレートガバナンス・コードへの対応状況（2018年12月末時点）』2018年2月21日（https://www.jpx.co.jp/equities/listing/cg/tvdivq

0000008jdy-att/nlsgeu000003u637.pdf)
・株式会社東京証券取引所『東証上場会社　コーポレート・ガバナンス白書2017』2017年3月（https://www.jpx.co.jp/equities/listing/cg/tvdivq0000008jb0-att/nlsgeu000003z2bl.pdf）
・株式会社東京証券取引所『コーポレートガバナンス・コード』2018年6月1日（https://www.jpx.co.jp/news/1020/nlsgeu000000xbfx-att/nlsgeu0000034qt1.pdf）
・株式会社東京証券取引所『東証上場会社　コーポレート・ガバナンス白書2019』2019年5月，52頁（https://www.jpx.co.jp/news/1020/nlsgeu000003zc0h-att/nlsgeu000003zc32.pdf）
・株式会社東京証券取引所『東証上場会社における独立社外取締役の選任状況，委員会の設置状況及び相談役・顧問等の開示状況』2019年8月1日（https://www.jpx.co.jp/news/1020/nlsgeu0000045rlr-att/nlsgeu0000045rou.pdf）
・金融庁『投資家と企業の対話ガイドライン』2018年6月1日（https://www.fsa.go.jp/news/30/singi/20180601/01.pdf）
・金融庁・株式会社東京証券取引所，コーポレートガバナンス・コードの策定に関する有識者会議，第2回議事録，2014年9月4日（https://www.fsa.go.jp/singi/corporategovernance/gijiroku/20140904.html）。
・金融庁・株式会社東京証券取引所，コーポレートガバナンス・コードの策定に関する有識者会議，第4回，事務局説明資料『検討に当たっての視点（例）』2014年10月20日（http://www.fsa.go.jp/singi/corporategovernance/siryou/20141020/01.pdf）
・金融庁・株式会社東京証券取引所，コーポレートガバナンス・コードの策定に関する有識者会議，第5回，事務局説明資料『コーポレートガバナンス・コードの基本的な考え方に係るたたき台（序文を除く）』2014年11月25日（http://www.fsa.go.jp/singi/corporategovernance/siryou/20141125/01.pdf）
・金融庁・株式会社東京証券取引所，スチュワードシップ・コード及びコーポレートガバナンス・コードのフォローアップ会議，『会社の持続的成長と中長期的な企業価値の向上に向けた取締役会のあり方　スチュワードシップ・コード及びコーポレートガバナンス・コードのフォローアップ会議意見書（2）』2016年2月18日（https://www.nichibenren.or.jp/library/ja/opinion/report/data/2012/opinion_120118.pdf）
・倉橋雄作『取締役会実効性評価の実務』商事法務2016年4月30日。
・経済産業省『CGSガイドラインのフォローアップについて（CGS研究会（第2期）第3回事務局資料）』2018年2月22日（https://www.meti.go.jp/committee/kenkyukai/sansei/cgs_kenkyukai/pdf/2_003_03_00.pdf）

- 経済産業省『グループ・ガバナンス・システムに関する実務指針（グループガイドライン）』2019年6月28日（https://www.meti.go.jp/press/2019/06/20190628003/20190628003_01.pdf）
- 公益社団法人日本監査役協会『役員の構成の変化などに関する第19回インターネット・アンケート集計結果』2019年5月24日（http://www.kansa.or.jp/support/library/secretariat/enqtotal19-1.html）
- 「コーポレートガバナンスを支える取締役会事務局」『商事法務』2019年1月5・15日号（No.2187）
- 澤口実・渡辺邦広・若林功晃・松村謙太郎・飯島隆博・坂尻健輔『指名諮問委員会・報酬諮問委員会の実務　第二版』商事法務2019年2月6日
- GPIF第4回機関投資家のスチュワードシップ活動に関する上場企業向けアンケート集計結果（https://www.gpif.go.jp/investment/stewardship_questionnaire_04.pdf）
- 商事法務研究会「第1回取締役会事務局アンケート集計結果（速報版）」『商事法務』2019年11月5日号（No.2213）
- スルガ銀行株式会社第三者委員会『調査報告書（公表版）』2018年9月7日（https://www.surugabank.co.jp/surugabank/kojin/topics/pdf/20180907_3.pdf）
- 高山与志子「取締役会評価とコーポレートガバナンス〜形式から実効性の時代へ」『商事法務』2014年9月15日号（No.2043）
- 高山与志子他「座談会　取締役会評価によるガバナンスの実効性確保に向けて（上）」『商事法務』2014年11月25日号（No.2049）
- 高山与志子他「座談会　取締役会評価によるガバナンスの実効性確保に向けて（下）」『商事法務』2014年12月5日号（No.2043）
- 高山与志子「取締役会評価の時代」北川哲雄編『スチュワードシップとコーポレートガバナンス』東洋経済新報社，2015年1月
- 高山与志子「取締役会評価の実際と課題」『証券アナリストジャーナル』53巻11号（2015年11月）
- 高山与志子「取締役会評価の現状と課題〜コーポレートガバナンス・コード施行後の2年間を振り返って〜」『Disclosure & IR』（宝印刷株式会社）2017年11月号
- 高山与志子「日本企業における取締役会評価の現状と今後の課題」北川哲雄編『バックキャスト志向とSDGs/ESG投資』同文館出版，2019年2月
- 佃秀昭「2018年度コーポレートガバナンスの実態に関する調査結果の紹介」『商事法務』2018年11月25日（No.2183）
- 「ＴＤＫの『取締役会評価』」『日本経済新聞』2015年6月9日，朝刊15頁
- 東京商工リサーチ『2019年3月期決算上場企業2,316社「女性役員比率」調査』

（https://www.tsr-net.co.jp/news/analysis/20190801_03.html）
・中村直人・山田和彦・倉橋雄作『実践取締役会改革』中央経済社2018年 6 月
・中村直人「取締役会スタッフの在り方―ガバナンスの知的プラットフォームへ―」
　『商事法務』2019年 7 月 5 日（No.2203）
・日本コーポレート・ガバナンス・ネットワーク取締役会事務局懇話会有志「取締役
　会評価の活用と取締役会のPDCAサイクル―取締役会事務局の話す役割―」『商事
　法務』2019年 4 月 5 日（No.2195）
・PwCあらた有限責任監査法人「最近の開示から読み解く取締役会の実効性評価の
　現状」2019年 9 月17日（https://www.pwc.com/jp/ja/knowledge/column/corporate-
　governance/vol22.html）
・渡邊雅之『実例に基づく取締役会評価の最善の手法と事例』日本法令，2016年11月

【著者紹介】

高山　与志子（たかやま　よしこ）
　　ボードルーム・レビュー・ジャパン株式会社　代表取締役
　　ジェイ・ユーラス・アイアール株式会社　取締役

1987年，メリルリンチ証券会社ニューヨーク本社投資銀行部門に入社。ニューヨーク，ロンドン，東京にて資金調達・M&Aに関するアドバイスを行う。トムソン・ファイナンシャル・インベスター・リレーションズを経て，2001年から，ジェイ・ユーラス・アイアール株式会社にてIR活動及びコーポレートガバナンスに関するコンサルティングに携わる。2015年，日本初の取締役会評価の専門会社ボードルーム・レビュー・ジャパン株式会社を設立，代表取締役に就任。数多くの企業の取締役会評価の支援を実施。

国際コーポレート・ガバナンス・ネットワーク（ICGN）理事（2010年－2015年）。日本コーポレート・ガバナンス・ネットワーク理事。金融庁・東京証券取引所「スチュワードシップ・コード及びコーポレートガバナンス・コードのフォローアップ会議」メンバー。金融庁「スチュワードシップ・コードに関する有識者検討会」メンバー。経済産業省・東京証券取引所「なでしこ銘柄選定基準検討委員会」委員。

東京大学経済学部卒，エール大学経営大学院卒MBA取得。東京大学大学院人文社会系研究科博士課程修了，博士号取得（社会情報学）。

取締役会評価のすべて
──取締役会の実効性を高めるための実務と課題

2020年 2 月 1 日　第 1 版第 1 刷発行
2024年10月 5 日　第 1 版第 2 刷発行

著　者　高　山　与　志　子
発行者　山　本　　　　継
発行所　㈱中　央　経　済　社
発売元　㈱中央経済グループ
　　　　パ ブ リ ッ シ ン グ

〒101-0051　東京都千代田区神田神保町 1 - 35
電話　03 (3293) 3371 (編集代表)
　　　03 (3293) 3381 (営業代表)
https://www.chuokeizai.co.jp
印刷・製本／㈱デジタルパブリッシングサービス

© 2020
Printed in Japan